陕西师范大学一流学科建设经费资助出版

委托代理关系下国有企业经营中的机会主义行为及治理研究

沈 剑 ◎ 著

陕西师范大学出版总社

图书代号：ZZ20N1719

图书在版编目(CIP)数据

委托代理关系下国有企业经营中的机会主义行为及治理研究／沈剑著.—西安：陕西师范大学出版总社有限公司，2020.8
　ISBN 978-7-5695-1792-7

　Ⅰ.①委… Ⅱ.①沈… Ⅲ.①国有企业—企业经营管理—研究—中国　Ⅳ.①F272.3

中国版本图书馆 CIP 数据核字(2020)第 136878 号

委托代理关系下国有企业经营中的机会主义行为及治理研究
WEITUO DAILI GUANXIXIA GUOYOUQIYE JINGYINGZHONG DE JIHUIZHUYI XINGWEI JI ZHILI YANJIU
沈　剑　著

责任编辑	张建明
责任校对	张俊胜
封面设计	鼎新设计
出版发行	陕西师范大学出版总社
	(西安市长安南路 199 号　邮编　710062)
网　　址	http://www.snupg.com
经　　销	新华书店
印　　制	西安市建明工贸有限责任公司
开　　本	720mm×1020mm　1/16
印　　张	12.25
字　　数	165 千
版　　次	2020 年 8 月第 1 版
印　　次	2020 年 8 月第 1 次印刷
书　　号	ISBN 978-7-5695-1792-7
定　　价	30.00 元

如有印装问题，请与出版社联系调换。联系电话：029-85251429。

目　录

第一章　绪　论 …………………………………………………（1）
　1.1　研究的背景 ………………………………………………（1）
　1.2　研究的目的 ………………………………………………（4）
　1.3　研究的意义 ………………………………………………（4）
　　1.3.1　理论意义 ……………………………………………（5）
　　1.3.2　实践意义 ……………………………………………（7）
　1.4　国内外文献综述与评价 …………………………………（8）
　　1.4.1　机会主义行为理论的综述 …………………………（8）
　　1.4.2　公司治理理论的研究 ………………………………（16）
　　1.4.3　国有企业治理的研究 ………………………………（24）
　　1.4.4　委托代理理论的研究 ………………………………（30）
　　1.4.5　国内相关理论外文献的整体评价 …………………（37）
　1.5　研究内容、思路和方法 …………………………………（41）
　　1.5.1　研究的内容 …………………………………………（41）
　　1.5.2　研究的思路 …………………………………………（41）
　　1.5.3　研究的方法 …………………………………………（44）
　1.6　研究的重点、难点和创新点 ……………………………（45）
　　1.6.1　研究的重点 …………………………………………（45）
　　1.6.2　研究的难点 …………………………………………（47）

1.6.3　研究的创新点……………………………………（47）
第二章　相关概念及理论基础……………………………………（49）
　2.1　基本概念界定……………………………………………（49）
　　2.1.1　国有企业………………………………………………（49）
　　2.1.2　机会主义行为…………………………………………（51）
　　2.1.3　委托代理关系…………………………………………（53）
　　2.1.4　激励与约束机制………………………………………（55）
　2.2　理论基础…………………………………………………（55）
　　2.2.1　契约理论………………………………………………（55）
　　2.2.2　委托代理理论…………………………………………（56）
　　2.2.3　公司治理理论…………………………………………（58）
　　2.2.4　激励理论………………………………………………（59）
　2.3　本章小节…………………………………………………（61）
第三章　国有企业机会主义行为表现与原因分析………………（63）
　3.1　国有企业机会主义行为的常见表现……………………（63）
　　3.1.1　机会主义行为的经济学阐释…………………………（63）
　　3.1.2　国有企业机会主义行为的表现形式…………………（65）
　3.2　国有企业机会主义行为的表现分析……………………（75）
　　3.2.1　损害相对人利益的机会主义行为……………………（76）
　　3.2.2　基于行为主体主观意志的机会主义行为……………（78）
　3.3　国有企业机会主义行为产生的原因分析………………（83）
　　3.3.1　国企机会主义行为产生的一般原理…………………（84）
　　3.3.2　多重委托代理机制下机会主义行为产生的原因……（87）
　　3.3.3　集体委托代理机制下机会主义行为产生的原因……（92）
　　3.3.4　多头委托代理机制下机会主义行为产生的原因……（94）
　　3.3.5　多任务委托代理机制下机会主义行为产生的原因…（96）
　3.4　本章小结…………………………………………………（99）

第四章 国有企业机会主义行为的不利影响 (100)

4.1 对企业经营绩效的影响 (100)
4.1.1 降低企业当期投入产出比 (100)
4.1.2 降低企业长期经营绩效 (103)

4.2 对企业经营治理的影响 (104)
4.2.1 扩大信息不对称现象 (104)
4.2.2 增加交易成本 (105)

4.3 机会主义行为的外部影响 (107)
4.3.1 破坏整体经营环境，导致国有资源浪费和损失 (107)
4.3.2 延误治理时期，致使损失持续扩大 (107)

4.4 机会主义行为的社会影响 (108)
4.4.1 影响整个行业的创新力 (108)
4.4.2 机会主义扩张和不良示范效应 (111)

4.5 本章小结 (115)

第五章 博弈演化视角下机会主义行为的实证分析 (117)

5.1 基本假设及理论模型 (117)
5.1.1 基本假设 (117)
5.1.2 理论模型 (119)

5.2 博弈演化视角下国有企业机会主义行为的经验分析 (124)
5.2.1 初始委托人虚置加剧当事人利益不一致性 (124)
5.2.2 多目标导致有限理性与不确定性增长 (125)
5.2.3 复杂委托代理加剧信息不对称现象 (126)
5.2.4 软预算约束增加机会主义发生概率 (128)
5.2.5 多重委托中的多重身份更易诱发机会主义行为 (129)
5.2.6 委托人监管不严降低机会主义行为成本 (131)
5.2.7 公有产权增强了机会主义利益的易得性 (132)

5.3 本章小结 (134)

第六章　国有企业经营中机会主义行为的治理体系与机制 (136)
6.1　国有企业机会主义行为的治理体系 (136)
6.1.1　治理体系构建的必要性 (136)
6.1.2　治理体系构建的可行性 (138)
6.1.3　治理的目标 (139)
6.1.4　治理体系构建的原则 (141)
6.1.5　治理体系构建的框架 (143)
6.2　建立国有企业机会主义行为治理机制 (143)
6.2.1　剩余索取权机制 (144)
6.2.2　薪酬分配制度机制 (151)
6.2.3　市场声誉（信誉）机制 (154)
6.2.4　显性激励与隐性激励机制 (157)
6.3　本章小结 (158)

第七章　国有企业机会主义行为的治理对策与措施 (159)
7.1　国有企业机会主义行为的治理对策分析 (159)
7.1.1　缓解信息不对称，提高信息的透明度 (159)
7.1.2　强化激励制度，鼓励当事人的恪尽职守所得 (161)
7.1.3　完善惩罚制度，提高当事人的违约成本 (163)
7.2　治理国有企业机会主义行为的对策建议 (165)
7.2.1　事前立法警示，建立责任主体分担制度 (165)
7.2.2　实施事中监督制度，防止机会主义行为发生 (167)
7.2.3　建立事后补救机制，减少持续性损失 (170)
7.3　本章小结 (171)

第八章　总结与展望 (172)
8.1　总结 (172)
8.2　展望 (173)

参考文献 (175)

第一章

绪 论

1.1 研究的背景

根据国家统计局公布的《中华人民共和国2016年国民经济和社会发展统计公报》发布的最新数据显示,当年我国规模以上工业企业实现利润68 803亿元,同比增长8.5%。其中按经济类型划分,国有企业实现利润11 751亿元,同比增长6.7%,占全国企业利润总额的17.1%。私营企业实现利润24 325亿元,同比增长4.8%,占全国工业企业利润总额的35.4%。外商和港澳台投资的企业实现利润17 253亿元,同比增长12.1%,占全国工业企业利润总额的25.2%。从工业实现利润看,私营企业和外商及港澳台投资企业实现了总利润的60.6%,相比之下国有企业仅占比17.1%。从增长速度的角度看,外商及港澳台的投资增速最快,国有居中,民营与私企次之。根据另有的数据,2016年我国实现规模以上工业增加值247 860亿元,同比增长6%。其中国有企业仅增长2%,私营的增速达7.5%,外商及港澳台投资企业的增加值为4.5%。一言以蔽之,较之其他所有制企业,国有企业不论是数量上还是发展增速上均不占优势,其绩效不佳的事实可见一斑。

图1-1,对比了2000年至2015年内国有经济与非国有经济的资产利

润率，显示出国有企业长期落后于非国有制企业，并且其中的差距呈扩大趋势。对于上述的问题，亚当·斯密在其著作《国富论》中做出了先验的解释："在钱财的处理上，股份公司的董事是为他人尽力，而私人合伙公司的伙员，则纯是为自己打算。所以，要想令股份公司董事们监视钱财用途，像私人合伙公司的伙员那般用意周到，是很难做到的。有如富家管事一样，他们往往拘泥于小节，而殊非主人的光荣。这样的情况下，疏忽和浪费，常为股份公司业务经营上多少难免的弊端。"

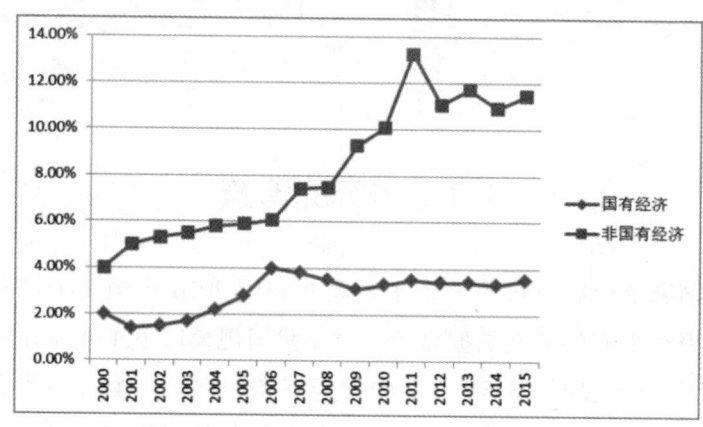

图 1-1　国有资产与非国有资产利润率

数据来源：国家统计局公开数据整理

国有企业和非国有制企业，其区分的标准在于所有权和资源的配置方式，表现的形式是不同的委托代理关系。我国国有企业现代委托代理机制的构建，始于20世纪90年代初期，改制的目标是国有企业要通过所有权和经营权分离的办法构建现代企业制度。在这样的背景下，中国国有企业委托代理机制逐步建立，经营权和所有权剥离，初始委托人为虚置的全体国民，代理人负责企业日常的经营和管理。鉴于国有企业"全民所有制"的产权特点和公司治理机制中的弊端，委托代理关系下的不少国有企业经营中存在着许多问题。例如，内部人控制，委托代理关系链过长，败德行为，内部人控制行为等，而在这些问题中，相当一部分可以被归因为机会

第一章 绪 论

主义行为。

　　机会主义行为能够导致国有企业效益低下①，亏损严重②，其中最典型的例子是1995年，时任国务院国有资产管理局的副局长潘岳在北京回答记者提问时披露道："我国每天有1个亿的国有资产在流失，流失渠道有8条，如：不评估、低估、贱卖国有资产等等"，这些行为都属于机会主义范畴[1]。相似的例子还有，白云城市建设开发有限公司原董事长陈柏钊"偷梁换柱"的案件中，国家损失了6 000余万元③。机会主义行为的危害不仅是直接的经济损失，也包括间接地影响企业的声誉，进取心等软实力。宏观而言，大量存在于国有企业中的机会主义行为，负面影响的累积可以影响到国家层面的公共产品与服务的供给效率，甚至是影响国家对人民群众日益增长物质文化需求满足的能力与程度。这方面典型的案例是于2015年两次引起了李克强总理的点名批评④的中国移动互联网，网速慢，费用高⑤的问题。综上言之，研究如何克服国有企业的机会主义行为已经刻不容缓。

　　国有企业作为社会主义国有经济的重要组成部分，在关系国民经济命

---

①据统计，1984年，世界500家最大工业企业中，国有企业的盈利率为1.7%——民间企业的同一指标为4%。参见王小曼.英国工党的国有化政策［J］.西欧研究，1983.

②20世纪70年代末，英国国有企业的平均成本比私人企业高40%，当时整个国有企业亏损和负债每年高达30亿英镑，1978~1980年，仅英国钢铁公司一家国有企业就净亏损18亿英镑。参见赵雪梅.英国国有企业私有化探析［J］.经济评论，1999（4）：115-119.

③借公司转制，广州市白云城市建设开发有限公司原董事长陈柏钊"偷梁换柱"，将公司133套房产转卖出手，赚取售房款5 962万多元。参见国企原董事长贪污133套房：陈柏钊"偷梁换柱"那些事［N］.海峡都市报电子版，2016-05-17.

④总理一月两批网费高网速慢［N］.齐鲁晚报，2015-05-14.

⑤据全球云端服务供应商Akamai所公布的统计数据，2014年第四季度，我国平均网速为3.4Mbps，世界排名第82位，低于全球平均水平4.5Mbps，也低于泰国、马来西亚等发展中国家。参见李铮巍，孙晓辉，等.三问"网费高网速慢"现象：为何慢？贵不贵？能下调吗？［EB/OL］（2015-04-16）［2017-09-15］. http://news.xinhuanet.com/2015-04/17/c_1114998682.html.

脉的重要行业和关键领域,占据支配地位,起着支撑和带动作用,其绩效不仅直接决定国有资产的使用效果,而且会影响国家经济的发展走向。因此本书着重于对委托代理关系下国有企业经营中存在的机会主义行为进行探究,以期降低其发生的概率,建立健全委托代理机制,为国有企业绩效改善提供理论方面的补充。

1.2 研究的目的

本书以博弈论和信息经济学为出发点,基于契约理论和委托代理理论深入剖析我国国有企业经营中存在的多重代理、复杂代理机制问题,并对由此引起的机会主义行为及其后果进行定性、定量研究。在理论分析和经验研究的基础上,一方面根据我国国有企业的经营绩效表现,提出进一步降低机会主义行为的发生概率,预防和消除部分国有企业机会主义行为相关的制度理论;另一方面,通过理论指导实践,优化国有企业的内部权力结构与组织关系,减少或避免国有企业经营中由于委托代理关系不明确引发的治理难题,显著提升国有企业的经营与管理效率,降低国有企业的交易成本,进而提升国有企业的生产经营效益,并最终实现在"新常态经济"下提高国有企业对社会公共产品资源配置效率的总目标。

1.3 研究的意义

对委托代理关系下国有企业经营中的机会主义行为研究,一方面将机会主义行为和中国具体国情相结合,丰富企业治理理论,为"新常态"下国有企业改革进行理论补充和完善。另一方面,通过理论指导实践,可以优化国有企业的内部权力结构与组织关系,减少国有企业经营中的机会主义行为发生概率,降低其不利的影响。这样的改进可以有力地提升国有企业的经营与管理效率,降低国有企业的交易成本,进而提升国有企业的生产经营效益。综上所述，研究的意义可以划分为理论和实践两个方面，现做具体讨论如下。

1.3.1 理论意义

经济学的核心是在研究如何对稀缺的资源进行有效的配置问题，以科斯（Coase，1937）[2]为代表的新制度经济学者们通过对企业组织、交易费用等问题的研究，以分析如何提升资源配置的效率问题。威廉姆森（Williamson，1985）[3]已经开始把"具有损人利己特征"的机会主义行为①作为影响交易费用核心因素之一。因此研究机会主义行为对交易费用的影响，成为新制度经济学对经济活力与资源配置效率的解释方向之一。

20世纪30年代初，经济学家伯利和米恩斯（Berle & Means，1932）在对美国的数百家大公司进行研究后，提出了所有权和控制权相分离的观点，并发现了在两权分离的条件下由于管理者（掌握控制权的人）权利大增，所带来的管理者可能损害所有者利益的问题[4]，这一问题已经涉及了企业在委托代理关系下容易产生的机会主义问题，而如何避免和解决这一问题（即企业经营中机会主义行为的防治），开始逐渐引起了学术界的关注。但相较于公司治理、委托代理的丰硕研究成果，关于企业，尤其是国有企业机会主义行为的研究还相对稀缺，意味着剩余的研究空间较大，值得我们去深入研究。

从理论必要性上分析，国内外有关公司组织中有关机会主义行为的研究，早在亚当·斯密的《国富论》中就已经开始涉及，其认为经理人可能

---

① 机会主义行为是指在信息不对称的情况下人们不完全如实地披露所有的信息及从事其他损人利己的行为。威廉姆森将其描述为："人们在经济活动中总是尽最大能力保护和增加自己的利益。自私且不惜损人，只要有机会，就会损人利己。"

实施的"不尽职责"（表现为"偷懒"等道德风险）的机会主义行为①。而之后的研究中，科斯、威廉姆森对机会主义行为的影响因素进行了深入的探究。在以往地对机会主义行为的研究中，学者所关注的重点集中在市场经营中的机会主义行为和普通企业组织中的机会主义行为。而对于以下的课题关注较少，分别是国有企业中的机会主义行为研究；一般和多重委托代理背景下国有企业的机会主义行为研究；对于由于国有企业本身设立目标特殊（弥补市场失灵和促进社会公平实现），以及国有企业委托任务的多元性，所产生的国有企业经营过程中所存在的复杂委托代理关系（包括多重委托代理关系、集体委托代理关系、多头委托代理关系以及多任务委托代理关系）环境下，所产生的更为复杂、特殊和严重的机会主义行为的产生机理、生成过程、制度原因与防治研究等；以上的议题在目前的研究中尚存在着不足，故而值得我们去深入研究。

针对"国有企业"这一类既具有中国特色，又具有"世界普遍性"②且对国计民生具有重大意义（直接影响国内"公共产品"与"公共服务"资源配置效率）的企业而言，其生产经营的机会主义行为有何特殊性？国有企业机会主义的产生原因，生成机理是什么？这些机会主义行为是如何影响国有企业绩效的？我们应当如何从机制设置与措施预防角度降低国有企业机会主义的发生概率，这些都值得我们去深入探讨。

---

① 亚当·斯密在其《国富论》中所做的"在钱财的处理上，股份公司的董事为他人尽力，而私人、合伙公司的伙伴则纯粹为自己打算。所以，要想使股份公司的董事们监事钱财用途，像私人、合伙伙伴那样用意周到是很难做到的。在这些企业的经营管理中，或多或少地疏忽大意和奢侈浪费的事总是会流行"的描述，可以看作是最早对机会主义行为的发现。参见亚当·斯密. 国富论 [M]. 陕西：陕西人民出版社，2001.

② 伴随着萨缪尔森（Paul Samuelson, 1958）首次正式提出"公共产品"的概念以来，有关公共产品这一具有排他性和非竞争性的特殊资源的生产与配置的效率问题就成为当代世界各国经济学所要研究的一个重点问题。随之而来的，对于作为生产公共产品的"企业组织"（在我国当前表现为国有企业）相关的内部权力结构等问题的研究与探讨，亦成为新制度经济学需要研究的重点内容之一。

1.3.2 实践意义

第一点，如研究背景前述，我国国有企业委托代理关系存在诸多亟待治理的问题，其中相当部分可被归咎为机会主义行为。机会主义行为的表现形式包括职务侵占、欺骗、搭便车等，这些行为会对个人、企业，乃至国家造成巨大的损害。因此，进行理论研究的实际意义是能够减少机会主义行为发生的频次，降低机会主义行为造成的危害。

第二点，我国于2013年进入了经济"新常态"，经济增速明显放缓，国内企业普遍面临着产业升级，制度创新的压力。而在"新常态"中，消费者伴随收入大幅增加，其对产品与服务等提出了更高的要求，即十九大上改为了"人民日益增长的美好生活需要和不平衡、不充分发展之间的矛盾"会表现得更加尖锐。在这样的大背景下，为了帮助国有企业在"新常态"条件下，以更高的效率和更优化方式拉动我国经济增长①，进行有针对性的管理改革和创新，对机会主义行为的治理成为具有实践意义的研究热点。

第三点，国有企业作为社会主义市场经济的重要组成部分，且是社会主义公有制的经济实现方式，其还需要承担大量的公共服务职能。如在煤炭、电力、石油、铁路等行业中的国有企业往往具有自然垄断地位，这些企业委托代理关系中，委托方和代理方容易产生目标不一致，寻租行为等问题。这些问题不仅会伴生机会主义行为，而且会产生交易费用过高，甚至于吞噬企业利润与效率的问题。因此，针对委托代理关系和国有企业经营这两个条件下的机会主义行为进行理论的梳理和治理办法的探究，其实践意义在于能对国有企业公共服务的完善提供理论和方法上的指导。

---

① 在我国经济"新常态"条件下，在摒弃无效率的盲目公共投资的前提下，我们仍旧不能否认（新的有效率的）公共基础建设投资成为中国的三个经济增长点之一. 参见胡舒立. 新常态改变中国：首席经济学家谈趋势 [M]. 北京：民主建设出版社，2014：13.

1.4 国内外文献综述与评价

1.4.1 机会主义行为理论的综述

1. 国外有关机会主义行为基础理论的一般性研究

有关国外关于机会主义行为理论基础的相关研究涉及了机会主义行为的内涵、实施方式、具体表现形式和危害等几个方面，其具体包括：

（1）对于机会主义行为的定义与内涵问题的研究

经济学上"机会主义行为"一词作为交易费用经济学的三大人类行为假设之一，首先被定义为具有损人利己特征的一种运用了撒谎、欺骗、误导等不道德手段的自利需求行为（Williamson，1975[3]；1985[5]）。此外，有些学者在定义机会主义行为时增加了投机性的特征表现（Anderson，1988[6]；Das & Rahman，2010[7]）等。而关于机会主义行为的表现方式问题，经济学者们虽然也在其文献中进行了大量的列举，但整体上都可以分为是以欺骗、隐瞒等影响信息不对称的方式来间接损害机会主义行为所针对的人（以下简称相对人）利益的机会主义行为（J. George，1984[8]；Williamson，1985[5]；Anderson，1988[6] etc.），以及直接影响行为相对人利益的方式实施的机会主义行为，如：偷懒、虚假承诺；以及既可以影响相对人利益，又可影响信息不对称方式实施的机会主义行为，如：不履行义务、违背契约等等（J. George，1984；Williamson，1985；Anderson，1988；Yaodong Luo，2006[9]；Hawkins T，Knipper M G，Strutton D，2009[10] etc.）

（2）机会主义行为表现形式的分类（维度划分）研究

上述关于机会行为表现形式的划分，实质上是笔者对机会主义的表现形式进行了分类（即维度划分）。事实上国外学者对于机会主义表现形式的划分早已有之，而且整体可以分为二维度划分法和四维度划分法。其中，二维度法，是指将机会主义行为的各种表现形式分成两类，如：将机会主义表现形式划分为"故意（露骨）"和"合法"的机会主义行为两种（Wathne & Heide, 2000[11]）以及将机会主义行为划分为"强形式"和"弱形式"的机会主义行为两种（Yaodong Luo, 2006[9]）。四维度法，是将机会主义行为分成四种（Wathne & Heide, 2000），即将机会主义分成包括逃避义务或责任（evasion）、僵化拒约适应新变化（refusal to adapt）、违反合同或关系规范（violation）以及强制重新谈判（forced renegotiation）在内的四种。以根据行为本身的性质表现的不同，采取不同的对待态度和措施等。

表 1-1 机会主义行为维度划分文献汇总分类图

划分维度	文献作者和发表时间	主要观点
二维度法	Wathne & Heide (2000)[11]	A. 划分为"故意（露骨）"和"合法"的机会主义行为两种 B. "故意的机会主义行为包括：有意隐瞒重要信息、消极隐藏重要资讯、逃避义务的行为；合法的机会主义行为包括：不遵守契约规定、契约到期的松绑和投资特定资产等投机行为"[48]
	Yaodong Luo (2006)[9]	A. 划分为"强形式"和"弱形式"的机会主义行为两种 B. 前者指对合同规范违反的机会主义行为（如拒不履约等），后者指关系规范违反的机会主义行为（如终止不成文的承诺等）
四维度法	Wathne & Heide (2000)[11]	根据行为是主动（active）还是被动（passive）实施，加上当前环境（exist）和新环境（new）组合成四种机会主义的表现形式来划分机会主义行为：即逃避义务或责任（evasion）、僵化拒约适应新变化（refusal to adapt）、违反合同或关系规范（violation）以及强制重新谈判（forced renegotiation）四种

需要指出的是，笔者在上一段总结介绍机会主义实施方式的文献研究时，采用了三维区分法。不过以上区分的标准不是合同和关系，不是表面的强势或弱势，而是根据该机会主义行为是直接造成相对人利益损失，还是间接影响了与相对人之间的信息不对称，亦或两者都可能影响来划分的。

(3) 机会主义行为之具体表现的研究

国外文献中涉及机会主义行为的具体表现的文献较多,早在亚当·斯密的《国富论》中就已经有了关于股份公司的董事有可能对公司采取经营疏忽大意或奢侈浪费等机会主义的具体行为表现方式的描述[12]。本书所研究主题相关的研究中既有涉及公司对外经营、销售中的机会主义行为,也有涉及公司内部治理中发生的机会主义行为,并且每个学者的论文中往往都列举了很多机会主义行为的具体实施表现形式。所以为了使文献梳理过程更有应用价值,笔者在这里挑选了一些具有典型性的机会主义行为的具体表现及文献加以介绍。

在涉及对外经营销售中的机会主义行为中,比较有代表性的有:涉及经营人员通过扩大支出,伪造费用报告牟利(Phillips, 1982)[13],违反分销协议规定的区域、范围越界销售(Dutta, Bergen & John, 1994)[14],谎报自身的技能和资源以诱骗客户签约(Walton, 1997)[15],供货商提供一份诱人但不诚实的协议来销售一种他们根本不打算销售的产品或服务(Wilkie, 1998)[16],利用合作伙伴公司的特定资产或挪用合作伙伴公司的主要人员或技术却没有约定授权或事后补救(Yaodong Luo, 2006)[9]等等;涉及公司内部治理中所发生机会主义行为的代表性的有:为了更大的资源掌控权或提高薪酬的获取而热衷于"帝国构建"(Jeson, 1986)[17],管理者不考虑股东利益,仅注重和偏爱那些能增加自己专用人力资本的投资项目,甚至形成"堑壕效应"(Shleifer, 1989)[18],利用自身在企业中的职权增加"在职消费"(Borrough & Helyar, 1990),采取欺骗或扭曲信息的方法来达成误导所有者(委托人)的结果(Jap S & Anderson, 2003)[19],记录和披露会计信息的欺诈行为寻求更高的单边回报或股息(Yaodong Luo, 2006)[9]等。

(4) 机会主义行为之作用与危害的研究

关于"机会主义行为"所起的作用,威廉姆森(Williamson, 1996)[20]在其专著中将"机会主义"作为影响交易成本高低的核心因素之一,提出决定交易费用的因素主要由交易因素（市场的不确定性、潜在交易对手的数量、交易物品的技术特性、交易频率）和人的因素（有限理性和机会主义）组成①。

关于"机会主义行为"所造成的危害，杰普和安德森（Jap & Anderson）研究发现，若交易方会采取欺骗或扭曲信息等机会主义的行为方式，就会对交易双方的关系造成某种冲突和负面的影响，进而对交易双方的财务绩效和非财务绩效造成冲击[19]。Hawkins等的研究表明，机会主义行为对交易成本和对双方未来关系的维持均有显著的负向影响，故而机会主义会减少合作伙伴长期关系的期望值，甚至对供应链伙伴关系的构建产生不利影响[21]。

（5）对机会主义行为治理方法的研究

国外对于机会主义行为的解决办法大体上可以分成不需要治理与防范的无视派，需要严加管治与打击的禁止派以及分情况有限度的容忍派三种。其一，以希尔为代表（Hill C. W. L，1990）[22]的无视派，主张对机会主义行为不用大惊小怪的过于关注，因为市场的无形之手会自动淘汰不讲诚信、不尽义务的机会主义行为者；其二，以玛丽、斯蒂芬和摩芮兹（Mary，Stephan & Maurizio，1995）[23]等为代表的打击派，主张对机会主义包括打击、控制、威慑、管理和防范等方法去禁止机会主义行为的产生，且这种观点占学界对机会主义行为态度与治理的主流；其三，以杜塔（Dutta，1994）[14]等为代表的容忍派，主张对于机会主义行为保留一定的容忍程度，只有超过了必要的限度才应重视和制止。具体文献作者及观点如表1-2。

---

①威廉姆森通过《生产的纵向一体化：市场失灵的考察》《交易费用经济学：契约关系的规制》《经济组织的逻辑》等论文将影响交易费用的因素分为交易因素和人的因素。前者包括：市场的不确定性、潜在交易对手的数量、交易物品的技术专有性、交易频率等，后者包括有限理性和机会主义。

表 1-2　对机会主义行为的态度和解决办法分类汇总表

整体分类	代表文献作者和发表时间	主要观点
无视派	Hill C. W. L (1990)[22]	主张对机会主义行为不用大惊小怪得过于关注，因为市场的无形之手会自动淘汰不讲诚信、不尽义务的机会主义行为者
禁止派	Mary, Stephan & Maurizio (1995)[23], Rodney L. S & Jan B. Heide (1996)[24], Deeds & Hill, (1999)[25] James R. B, Chekitan S & Dong-Jing Lee (2000)[26], Martin Phenix Nunlee (2005)[27], Rodolfo (2007)[28]	主张对机会主义需要采用包括打击、控制、威慑、管理和防范等方法去力图禁止、防范机会主义行为的产生
容忍派	Dutta (1994)[14], Wathne & Heide (2000)[11]	主张对于机会主义行为建议一定的容忍程度，只有超过了必要的限度才应重视和制止

2. 国内有关机会主义行为的研究文献综述

近年来，国内有关机会主义行为及其治理问题的研究开始逐渐成为热点问题，截至 2017 年 9 月，知网搜索文献篇名含有"机会主义行为"和"治理"的文献共有 34 篇，其中在 2014—2017 年发表的，共 21 篇，占前述文章总数的 61.7%，而 2005—2013 年占有了剩余的 38.3%（13 篇），2004 年之前，没有一篇专门以机会主义治理为题的论文。但需要指出的是，这 34 篇专业讨论机会主义行为及治理论文中，大都集中于某一行业、产业组织或营销渠道上机会主义行为研究与治理之上。而关于"机会主义行为"以及"机会主义理论"的基础理论性研究相对比较欠缺，且多集中于机会主义的原因、表现、信息不对称等问题的研究等方面。其中与本书研究联系比较紧密的，比较具有影响力的研究成果如下：

（1）对于机会主义产生原因的研究

国内涉及机会主义产生的原因分析的文献较多，一方面是采用博弈论、模型推导来实证发现机会主义产生某一方面的问题的文献，如陈冬、唐建新（2012）等实证发现，公司高管的薪酬与公司避税程度存在负相关关系[29]；王进（2013）用博弈论来分析地方政府规制中的机会主义问题[30]；王静、赫东杨等（2014）实证发现，税收规避程度越高，公司过度投资现象越严重[31]。另一方面是从理论上探讨机会主义的产生原因，分类总结起来包括机会主义行为的二原因说、三原因说以及四原因说。其中，二原因说是指将机会主义行为产生原因主要归结于两个因素，如：杨瑞龙（1995）[36]就将委托人与代理人效用函数的不一致性与代理人针对委托人的信息优势作为可能诱发机会主义行为的两大原因。三原因说即主张诱发机会主义行为的主要原因有三个，如杨得前、严广乐等（2006）[40]在分析产学研究中机会主义行为的产生原因时，将其归结为：信息不完全与不对称、契约不完备以及机会主义行为难以通过有效的司法程序证实等三点。四原因说，如刘燕（2006）[32]等在分析机会主义行为的内容与表现形式之时，实际上将机会主义行为的产生原因归结为：信息不对称、公共集体选择、资产的专用性以及博弈的次数短少这四点之上。

此外，比较特殊的还有刘群慧，李丽（2013）[33]主张存在合作是产生机会主义行为的前提，而机会主义作为一种投机性的自利行为会受到合作伙伴之间的交往互动及相互间所嵌入网络关系状况的影响。具体涉及机会主义行为的理论原因的文献汇总如表1-3。

表1-3 机会主义产生的理论原因文献汇总分析分类表

机会主义的产生原因	代表文献作者和发表时间	主要观点（主要原因列举）
二原因说	杨瑞龙（1995）[34]	委托人与代理人间的效用函数的不一致性，信息不对称
	王国顺（2005）[35]	内在利益追求，外在经济责任的逃避
三原因说	李厚延（2004）[36]	契约的不完备、信息的不对称以及监控不力
	陆奇岸（2005）[37]	联盟合约的不完全性、各方利益的驱动差异性以及联盟管理机制的缺陷性
	杨得前、严广乐等（2006）[38]	信息不完全与不对称、契约不完备以及机会主义行为难以通过有效的司法程序证实
	徐辉，李健（2012）[39]	契约的不完全性，金融市场的外在性以及信息不对称

续表

机会主义的产生原因	代表文献作者和发表时间	主要观点（主要原因列举）
四原因说	刘燕（2006）[32]	信息不对称、公共集体选择、资产的专用性以及博弈持续的次数短少

(2) 对于机会主义表现形式分类的研究

杨瑞龙（1995）[34]的文章中除了将国有企业基于委托代理关系所产生的机会主义归结为"代理人在经营中的偷懒、渎职，以及与生产者'合谋'以共同对付委托人，导致国有资产大量流失等"常见的行为表现外，还专门分析了"监督者机会主义行为"，即国有产权的监督者在缺乏对监督者行为的有效监督的情况下，监督者利用手中的廉价投票权为自己谋利益，以"创租"或者"寻租"的方式与代理人"合谋"共同截留或侵占本应归属国家的剩余的可能性。杨小凯（2003）[40]在分析人类行为中的位置表现后，将人类行为分成非对策的自利行为、非机会主义的对策行为（只针对他人行为做利己的对策行动但并不损人）以及机会主义的对策行为（损人利己的对策行为）三种。刘燕（2006）[32]将机会主义行为的表现形式归纳总结为：基于信息不对称所引起的"道德风险"和"逆向选择"行为，基于集体行动选择所形成"搭便车"行为，基于资产专用性所形成的"敲竹杠"行为，基于博弈次数少所形成的"短期化行为"等五种。符加林（2014）[41]认为机会主义行为是一种在违反显性或隐性契约的前提下，利用对方的信息劣势，有目的的以隐瞒、欺骗或敲诈等方式寻求自得的行为。

此外陈旭东，胡萍（2005）[42]对创新基金中的机会主义行为，张海星（2007）[43]分析了政府在有债务预算管理中的机会主义行为，高嵩（2009）[44]对非对称战略联盟网络中的机会主义行为，代彬（2011）[45]从对高管控制权和自利行为，叶飞，张洁等（2012）[46]对于供应商的机会主义行为表现等方面进行了研究。

(3) 对于机会主义影响的研究

除了惯常的认为机会主义会降低企业效率,加大代理成本以外,刘群慧、李丽(2013)[33]主张:机会主义会导致合作伙伴之间的不信任和不规范性行为的产生,进而影响到合作关系的稳定和确定性,衍生风险,弱化未来合作的机会。马力(2010)[47]认为,从公司治理的正式制度和非正式制度兼容互补方能发挥治理作用的角度出发,进行企业伦理与公司治理制度的整合可以有效地防止机会主义行为的发生和发展。

3. 对机会主义理论研究文献的评述

第一,国内外已有的"机会主义"概念、内涵、表现形式等方面的研究显示了机会主义的本质特征,即"自利性"和"损人性";在政治学的概念上强调这种行为具有投机性和短视性的特点,而经济学上则强调"机会主义行为"是行为人凭借其"撒谎、欺骗等手段"得以实施的,其中隐含了信息不对称价值意义,对我们探究机会主义行为的本质特点,具有借鉴和启发的意义。综合起来,笔者将机会主义行为归结为:由掌握信息优势的人所实施的,以欺诈、误导、歪曲等可能造成交易对方混淆的手段,不如实、不完全或扭曲地披露信息,从事具有损人利己特征的不道德投机活动,其行为一般具有投机性与不当性。

第二,国内外关于机会主义的研究是从概念、表现方式、生成原因、影响方面以及治理方法等逐级深入,但已有的研究整体上比较宏观笼统,对于上述各部分之间的相互关系以及每一部分内部的各组成内容之间的联系缺乏深入的理论分析与探讨。例如,在二维度分法上仍不能完全反映各种机会主义的本质特点和差别,有进一步改进的可能;在关于"机会主义"的产生原因上,国内外研究已经开始涉及了"利益(效用)不一致""契约不完备""信息不对称"以及"监管发现与追究不易"等几个方面。但对于这几个原因之间有何内在联系,其在诱发机会主义行为的过程中分别所起的作用分析仍然不足。

第三,有关机会主义的研究内容与主体正在不断地丰富与深化,如从对一般企业的机会主义行为的普遍学理研究，进而有针对性地对特定主体（如政府预算、创新基金、中小企业、创新联盟）的机会主义行为表现与原因进行的研究；从对于特定机会主义的行为人的行为研究对代理人（企业经理人）的机会主义研究，扩展到对于委托人（政府）、其他利害关系人（供应商）等的机会主义行为的研究；关于机会主义行为的产生途径也从企业治理、委托代理中的机会主义行为的研究，扩展至市场供应契约、合同的机会主义行为等的研究等；尽管国内学界对该课题研著甚丰，但是对于国有企业这一对国际民生有重大意义的特殊类型企业在复杂委托代理条件下的机会主义研究尚存在着一定的不足。

第四，对于机会主义行为的态度与治理问题上，国外学者虽然也有主张对机会主义行为顺其自然，依靠市场调节，但是主流观点还是强调要对机会主义行为进行打击与管控，但问题是，对于机会主义如果不加以主观恶性以及社会危害性方面的区分，一味地打击、防治并不科学。这也是为什么学界在前两种观点之外还提出对机会主义行为有限度之容忍的理由所在，但即使是持此种观点者，到目前为止其相关研究中也并未深入到容忍程度的如何界定，以什么为依据的问题，这也是当前国内外关于机会主义研究的另一个不足之处，值得我们去研究探讨。

1.4.2 公司治理理论的研究

1. 国外公司治理理论的文献研究

本书研究国有企业委托代理经营中机会主义行为的最终目的是为了减少机会主义行为的发生概率，通过防范和消除机会行为的发生来减少公司相应的交易费用损失，最终达到公司治理的目标。可以说本书的目标就是从机会主义行为治理的角度去探讨最终如何达到国有企业治理的目的，虽然委托代理理论对本书而言与机会主义行为联系地更为紧密，且重要性也更强。但是由于委托代理关系本身是公司治理理论中的一个核心组成部分，所以从文献研究的逻辑上，以及为了避免将来出现不当的重复，笔在文献综述中先介绍公司治理的有关研究状况。

国外关于公司治理问题的起因可以追溯到伯利和米恩斯的研究（Berle & Means，1932），这种研究与当时在美国日益显著的所有权与控制权的持续分离条件下，带来的因管理者权利的增大而损害所有者利益的问题相关[4]，此后西方学者关于公司治理的理论研究多围绕公司治理的关注重点、公司治理的参与主体、公司治理的理论工具以及公司治理的制度体系等问题展开，需要注意的是，由于公司治理的内容极其丰富，仅知网搜索国内有关公司治理的文献就高达6万多篇，所以我们仅就与本书机会主义行为的研究内容联系比较紧密的文献内容加以梳理。

（1）对于公司治理的关注重点方面的研究

自"所有权与控制权两权分离"的概念被提出以来，西方学者研究公司治理的重点首先在于如何在两权分离的条件下，避免两者之间的利益冲突的问题。约翰逊和迈克林（Jeson & Meckling，1976）[48]主张在所有权与经营权两权分离且所有者与经营者之间存在契约的情况下，公司治理应着重于解决在所有者与经营者之间利益可能存在不一致的情况下如何重新矫正和统一，避免企业代理人（企业经营者）可能损害委托人（投资人/股东）利益的问题。科克伦和沃蒂克（Cochran & Wartick，1988）强调公司治理的核心问题是：谁从公司高层经理人员的决策中获益，谁应该从公司高层经理人员的决策中获益的问题[53]。在科斯（Coase，1937）[2]、威廉姆森（Williamson，1979）[49]等"交易成本"思想的影响下，法玛和约翰逊（Fama & Jensen，1983）[50]主张将公司治理的核心问题集中于前述两权分离的情况下如何降低公司代理成本的问题。最后，施莱弗和维斯尼（Shleifer & Vishny，1997）[51]将公司治理归结为一个兼具经济性与法律性的问题，并主张公司治理从资本的社会角度思考是一个通过制度设置去"减少"经理人对投资人"剥削"的政治问题。需要指出的是，这里经理人对投资人的"剥削"，实质上就是指经理人作为经营者在与所有者利益（效用）不一致的情况下，经理人剥夺本应属于所有者的利益归己所有，显然具有"损人利己"特征,故而是一种典型的机会主义行为。也就是说,国外关于公司治理关注重点的研究始终和经理人采取损害所有者利益的"机会主义"行为紧密相关。

(2) 对于公司治理的参与主体方面的研究

在公司治理的后续研究中,为了限制前述经理人可能采取的机会主义行为,就必须要确定谁有权去监督经理人的前述行为,亦即是参与公司治理的主体问题。公司治理的参与主体从崇尚股东至上强调内部治理,发展到重视利益相关者作为治理参与主体的外部治理,这一发展过程表现在:法玛和约翰逊(Fama & Jensen, 1983)[50]主张由于股东可以不受限制地转让(所持企业的股份资产),所以股东可以不受限制地分担企业风险,其理应成为公司治理的主体。威廉姆森(Williamson, 1985)[5]从资产的专用性视角出发,通过模型推导认为只有股东是企业专用性资产的唯一拥有者,其既要承担企业经营的全部风险,也应拥有全部或部分的企业控制权。但自20世纪60年代以来,伴随着"利益相关者"概念的引入①,特别是此后企业社会责任与伦理等思想的发展,西方的公司治理中开始主张需引入股东、董事会和经理人以外的其他利益相关者等参与公司管理与控制问题,其实质是将公司治理结构从公司股东、董事会和高层管理者之间的关系[52]的内部治理向外部治理转化。

需要指出的是,随着作为公司治理新的参与主体,利益相关者概念被经济学家们扩展引入。参与公司治理的主体,其首要目标是抑制经理人采取损害所有者利益的"机会主义行为",以实现公司治理的目标。引入外部利益相关的监管者一方面有可能使得监督能力与效果加强,从而减少机会主义行为的发生概率,但是另一方面又必须看到由于新的利益主体的加

---

① SRI(Stanford Research Institute, 1963)和 Rhenman(1964)分别提出单边利益相关者与双边利益相关者的概念,但直到 Freeman(1984)以"任何能够影响企业组织目标的实现或受这种实现影响的个人或群体"定义了企业管理过程中普遍意义上的"利益相关者"的概念。

入，有可能诱发本书后续研究的一个重要研究对象，即多头委托的问题，从而使新的机会主义产生，故而需要我们认真思考。显示利益相关者范围扩展的过程的研究文献如表1-4所示。

表1-4 利益相关者范围的发展演变过程图

利益相关者的引入范围	代表文献作者和发表时间	主要观点
需要引入利益相关者	Cochran & Wartick (1988)[53]	主张公司治理的核心从以往的仅考虑公司的股东、董事会、高级管理人员（内部人员）之间相互作用与制衡的问题，扩展到还需考虑企业外部其他利益相关者与前列人员相互作用与制衡的问题
引入员工	Vanek (1970)[54]	员工拥有企业的所有权会更有自我管理的动力，所以从制度安排上看员工雇佣劳动比资本雇佣劳动更有效率
引入员工与消费者	Hart (1995)[55]	将公司治理问题的起因归结为包括所有者、工人和消费者在内的企业组织成员之间的利益冲突以及由此引发的代理过程中的交易费用过大，从而明确地将工人与消费者作为利益相关者纳入了公共治理的分析框架之内
引入债权人、用户和供应商	Blair (1995)[56]	公司治理是"如何在公司的一系列组成人员，包括股东、债权人、职工、用户、供应商及公司所有者之间进行控制与分配等一系列问题"

（3）公司治理理论研究的重要理论工具演变

自伯利和米恩斯（Berle & Means，1932）[4]提出两权分离的概念，并发现由于管理者基于自身的权利大增而带来的可能损害所有者利益的问题以来，经济学者围绕这一问题，分别创建了以现代产权理论、超产权理论，两权分离理论，委托代理理论，利益相关者理论等等作为研究"公司治理理论"的工具。其中各个理论的核心思想是：其一，产权理论：是指自20世纪五六十年代由科斯（Coase，1960）[57]首倡的一种以产权来解决外部环境不经济以及市场资源配置无效的方法。结合到公司治理中，就是指通过产权设置（如将公有产权转变成私有产权）等来有效地改善企业激励机制，进而解决公司治理问题（Vicker J，1996）[58]。其二，超产权理论:是指在玛丁、帕克(Martin & Parker, 1997)[59]和泰腾郎(Tittenbrun, 1996)[60]等为代表的经济学家在分别对现实私有化后的英国企业绩效以及学术界的产权与效益的研究文献比较归纳后发现企业的效益主要与市场结构(市场竞争度)有关的事实基础上,所提出的认为"竞争的治理机制才是保障企业效益向良性改善的根本条件"治理理论。其三,两权分离理论:是指由伯利和米恩斯(Berle & Means, 1932)[4]在对美国的200多家上市公司分析之后,发现美国的大公司中有相当比例的公司是由并未掌握公司股权的高级经理人员所控制的现状后,得出的公司所有权与控制权已经两权分离,其中前者由投资者掌握,投资者拥有资产投入权,后者由企业管理者所掌握,管理者控制企业的经营运作的一种公司治理制度。其四,委托代理理论:是指由翰逊和迈克林(Jeson & Meckling, 1976)[61]首倡在公司经营活动中通过签订一个或多个行为主体(股东)作为委托人依据其指定雇用另一些行为主体(经理人)作为代理人为其提供企业的具体经营管理服务,并根据其提供的数量和质量支付相应的报酬的契约,进而依约实现企业治理的制度[62]。最后,利益相关者理论:是指由弗里德曼(Freeman, 1984)[63]首倡的,在企业的经营管理活动中,除了考虑股东、经理人等内部人员的利益,还应综合考虑平衡债权人、雇员、消费者、供应商,甚至还包括外部的政府、环境管理部门等各个利益相关者的利益要求而进行的管理活动的公司治理制度。需要指出的是,在前述有关公司治理的五大理论中,承上启下,起到最核心作用的是委托代理理论,而其相关的具体内容我们在文献综述的下面会专门重点介绍。

(4) 公司治理机制的体系化、制度化安排问题

无论是为了明确公司治理参与主体的积极性,还是集中精力于公司治理的核心重点委托人和代理人之间的利益一致,都必须保证相关措施具有稳定性、长期性。这就需要将相关措施以制度化、法制化的方式加以固定,这也是在国外公司治理的研究发展过程中,基于制度经济学的发展,公司治理开始日益强调体系化、制度化的安排问题的原因所在。有关公司

治理的机制化、制度化的国外研究，学者们从梅耶（Myer，1994）[64]到蒂罗尔（Tirole，2001）[76]，同样走过了一条从笼统到具体，从表面到深入的不断发展过程。具体相关文献的演变发展过程如表1-5。

表1-5 公司治理所需制度化、体系化制度内容的发展演变表

制度需求	代表文献作者和发表时间	主要观点
需要制度安排	Myer（1994）[64]	主张将公司治理视为公司赖以代表和服务于其投资者利益的一种制度安排，包括从公司董事会到执行人员激励计划的一切东西[65]
需要公司控制权或剩余索取权分配的一整套制度	Blair（1995）[56]	A. 需要将公司治理中的制度契约安排细化是指有关公司控制权或剩余索取权分配的一整套法律、文化和制度性安排[66] B. 这些制度安排的核心是要决定公司的目标，谁拥有公司，如何控制公司，风险和收益等一系列问题
需要使得投资方确信其能够从投资中获得相应的收益的契约制度	Shleifer & Vishny（1997）[51]	认为公司治理问题的核心是要研究：如何通过进行有效的机制（契约）设计，使得投资方确信其能够从投资中获得相应的收益的问题
公司治理是一系列准租金事后讨价还价的复杂的约束集合	Zinglaes（1997）[67]	主张公司治理是影响在一种关系中所产生准租金事后讨价还价的复杂的约束集合，其涉及的有关产权配置、资本结构、组织结构、经理激励与约束方案、董事会与投资者的压力以及产品竞争市场等均可以被理解成为制度，并影响租金的分割
需要能选择出最优经理人的制度	Tirole（2001）[68]	主张一个好的公司治理结构是通过一个制度设计去选择出最有能力的经理人，并使他们向投资人负责

2. 国内公司治理理论的研究状况

国内关于公司治理方面的研究一方面受到了国外相关研究的启发与影响，另一方面也结合我国本身的国情，具有一些显著的中国特色。表现在：

（1）扩展公司治理的参与主体，逐渐强调制度、机制对治理的作用

我国学者吴敬琏（1994）[69]主张由所有者、董事会及高级执行人员等

企业内部三者之间构成的相互制衡的内部治理结构。张维迎（1996）主张"股权至上"，认为只有依企业所有权（包括剩余索取权和剩余控制权）进行各参与主体间的合理分配才是解决这一问题的关键[70]。此外，包括荣兆梓（1995）[71]、何玉长（1997）[72]、刘芍佳（2003）[73]、胡一凡（2005）[74]、严武（2012）[75]也分别从产权的理论、产权与公司治理的实证研究、产权与信息不对称关系对公司治理的影响角度探讨了公司的内部治理问题。与此同时，国内许多学者开始研究探讨将利益相关者引入公司治理的问题，并在之后的研究中占有了主流地位。其中代表性的杨瑞龙（1998）[76]（1999）[77]就多次撰文指出在公司治理中应抛弃股东至上主义，将相关利益者引入公司治理中来。周鹏、张宏志（2002）[78]、李传军（2003）[79]亦专门撰文支持该主张，唐跃军等（2008）[80]从给相关利益者股权激励，黄速建、余菁（2015）[81]从企业员工持股对企业控制的作用，赵晶、王明（2016）[82]从利益相关者非正式参与等角度探讨了公司治理问题，从而扩展了公司治理的参与主体范围。

国内学者同样有许多学者讨论了公司治理的体系制度性安排问题，代表性的有林毅夫等（1997）认为公司治理结构是所有者对企业经营管理和绩效监督控制的一整套安排[83]。钱颖一（1995）主张公司治理结构是一套用以支配在企业中有重大利益相关者之间的一整套制度安排，包括：①如何配置和行使控制权，②如何监督评价董事会、经理和职工，③如何设计和实施激励机制[84]等问题。

（2）国内相关公司治理的研究明显具有中国特色

在关于股东至上主义的内部治理研究中，我国学者更多的是从中国的国情出发，对我国国有企业的产权理论以及由于国有产权中所带来的治理问题，尤其是委托代理中的问题进行了比较深入和有针对性的研究。同样关于内部治理，结合我国的实际国情，还有学者通过企业内部新、老三会关系角度讨论了公司治理结构的问题，并提出应使职工代表进入董事会，其代表人物卢昌崇（1994）[85]。

同时，关于治理的对象除了传统的一般公司以外，王红领（2000）[86]、韦波（2004）[87]扩展涉及了乡镇企业治理，李新春（2003）[88]、于立，马丽波等（2003）[89]研究了关于家族企业的治理，吕达成（2003）[90]、李月娥，李宾（2005）[91]研究了关于中小企业的治理，李汉军，张俊喜（2006）[92]研究了关于上市企业的治理，李维安，邱艾超（2010）[93]从民营企业治理的角度研究了相关的问题。

3. 国内外公司治理研究的述评

综观国内外有关公司治理的研究，我们可以发现公司治理研究的四个特点：首先关于公司治理研究重点经历了一个从核心关注如何统一委托人和代理人双方的可能存在的利益不一致，到降低代理中的交易成本，再到强调通过制度体系安排保护投资人利益的发展过程；其次公司治理的参与主体也在不断扩大，从崇尚股权（股东）至上①的内部治理到引入其他利益相关者外部治理，公司治理的参与主体出现不断扩大化的趋势，参与主体从与企业有长期的直接利害关系（如股东享有企业的剩余索取权、经理人享有企业的剩余控制权），发展到与企业仅有间接利害关系（甚至如债权人、客户等一般仅与企业存在着短时期的利害关系）；再次，将公司治理的机制从一些临时性、应激性的安排，日益扩大、强化甚至固化着眼于一系列制度或契约的安排过程；最后，企业治理研究的对象开始具体化，呈现从普遍研究到具有本国特色的发展过程。

必须指出的是，国内外关于公司治理的研究实际上都与治理"机会主义"问题紧密相关，首先，关注委托人代理人之间的利益不一致可以从根源上避免机会主义行为产生的诱因，降低代理中的交易成本其包括了两方面，即降低机会主义行为的发生概率和降低对机会主义行为的预防成本；其次，引入更多的公司主体参与治理。更多的利益相关者的引入可以强化对企业经理人经营管理监督之作用，有效地避免或减少机会主义的发生概

---

①指股东作为公司的所有者，在法律上拥有全部权益，是唯一的公司治理主体，所以公司治理的目标是股东利益最大化。

率;最后,对公司治理的制度化、契约化安排可以更为有效、持久地防止机会主义行为的发生,避免其损害。可以说治理的最重要目标就是要"预防机会主义行为","避免交易成本的不当上升"以及"减少机会主义行为对企业的损害"。

1.4.3 国有企业治理的研究

1. 国外关于国有企业治理的文献综述

国外关于国有企业治理的研究多集中于国家或共有产权①是否有效率、私有化改革问题以及国企治理中的公共产权与控制权实施效率等方面的问题。关于公有产权与私有产权效率问题上,主流观点认为私有产权才是唯一更具效率的产权形式。德姆塞茨(Harold Demsetz,1967)[94]在主张国有企业包括共有产权、私有产权和国有产权等三种形式,主张私有权利的发展能更经济地使用资源,更大地内化外部性刺激的作用,并排斥其他人的权利,故而更有效率。戈登(H.S Gordon,1954)[95]、张五常(1970)[96]以及埃格特森(2004)[97]也在著作中实证证实私有产权更为效率,其中前两位学者还建立有名的"戈登——张五常模型"。

需要指出的是,西方还有一些学者不认为共有产权或国家产权是无效率的。持此观点的代表人物有:布罗姆利和塞尼(Bromley & Cernea,1989)[98],布兰德和普拉托(Baland & Platteau,1996)。[99]

进一步,关于公司的治理与控制问题,德姆塞茨(Harold Demsetz,1967)认为有效的所有制应表现在对财产的有效控制上,而由于现在对(国有)企业的控制权在法律上已集中到了管理者手中,而非是股东手中[94]。米塞斯和哈耶克(Mises & Hayek,1936)主张由于(伴随着企业

---

① 戈登和奥斯特罗姆将产权分为私有产权和共有产权两种,德姆塞茨和埃格特森将产权分为国家产权、共同产权(社区产权)和私有产权三种,阿尔钦将产权分为私有产权、政府产权、非实在产权和共同产权四种。本书采用了三分法,即国家产权、私人产权和共有产权。

规模的扩大）商品种类和需求数量带来的更为广泛和复杂性，使得集体控制（国有的）资源是不利的，因为中央计划的制定依赖于对相关信息的获取和利用，但是中央计划制定者却没有获取这些信息的好方法[100]。德姆塞茨（Harold Demsetz，1967）还主张，密集环境的相关性降低，生产率不断提高，资源配置问题的复杂性增加这三个主要因素促进了私有制的发展。这些发展迫切需要建立社会法律制度，推动独立行动者之间的交易，而且在交易环境里，有效利用问题的复杂性已经"超出"了集体控制（国有资产）制度所固有的计算能力和动机倾向[101]，从而不利于国有资产的集体控制。

2. 国内关于国有企业治理的文献综述

由于我国的国家性质与历史形成经济基础，特别是始自20世纪90年代的国有企业改革与改制，直到今天仍未完全结束，所以使我国关于国有企业治理的研究极为丰富。既包括从内外部治理的内涵界限、治理模式等有关治理的基础理论性问题，也包括从治理的外部环境、影响因素等实践层面考量对国有企业治理的影响等，其中与机会主义行为的产生与影响紧密相关的主要包括以下方面：

（1）扩大外部治理范围，强化对国有企业的监管

为了强化治理的效果，保护国有企业委托人的利益不受委托人怠职、内部人合谋与私分等机会主义行为的不利影响，学者们将传统的市场对企业的治理视为外部治理，而将企业的治理结构视为内部治理的治理内涵范畴界限（杨瑞龙、周业安，1998;[76]王晓义，2000[102]），进行了相应的扩展。其中刘磊等（2004）撰文将对企业外部行使国有产权职能的责任部门参与具体的自然行为人的监督、约束与控制，以及企业外部国有产权受托人对内部代理人的监督、约束与控制的制度安排扩展纳入国有企业外部治理的内容[103]。张明（2008）更是进一步将包括公司治理的法律与政治途径，产品和要素的市场竞争，声誉市场等作为非营利组织外部治理的内容[104]。

（2）扩展了国有企业参与主体和重点，扩展了治理模式

与国外企业治理研究相同，国内的相关研究也主张通过对公司治理参与主体和重点的扩张研究，优化扩展了国有公司的治理模式。张维迎（1996）认为由于契约不完全性使得企业的每个参与主体，难以说明其自身的工作与收获情况之现实出发，所以主张"股东至上"，将公司治理问题的关键定位于企业所有权（包括剩余索取权和剩余控制权）进行企业各参与主体之间的合理分配之上[70]。杨瑞龙、周业安（1998）[76]进一步地将这种治理模式总结成依照"股东至上"逻辑和"资本雇佣劳动"式的单边治理结构（即将企业剩余索取权与控制权全部归雇主或股东、出资者所有的一种治理结构）。

由于单一治理模式的治理权力主体过于单一，容易导致监管不足和激励不够，所以许多学者开始主张多元治理模式。其中杨瑞龙（1998）认为由于企业职工也对企业的剩余做出了贡献，故应变"股东至上"为遵循"利益相关者合作"逻辑，通过制度安排来确保每个产权主体（包括职工、债权人）具有平等参与企业所有权分配的机会。同时他将国有企业治理中依靠相互监督的机制来制衡各产权主体的行为定义为多元共同治理。何炼成、赵增耀等（2000）[105]提出借鉴日德的银行主导模式，发挥金融资产管理公司的作用，实行多元治理；此外，张立君（2002）[106]，方竹兰（2008）[107]从"职工、管理者的人力资本"的视角；湛泳、陈立荣等（2006）[108]从劳动产权视角；曾爱军（2009）[109]从可持续发展视角下的多元利益主体的共同治理视角；章建新、李德贵（2011）从职教集团视角；何勇斌、秦立春（2016）[110]从大学的共同治理等方面，做出了支持多元治理模式的类似研究。

（3）国有企业的内部治理的环境制度需求

关于企业治理所需的制度环境问题：阳东辉（2004）认为，由于公有企业（国有企业）具有非营利性、一定地域内的垄断性、政府和社会的干预性以及商品和服务的社会公共性等四个本质属性，所以应建立有别于传

统私有企业的内部组织体制和外部干预法律制度。特别是他建议建立垄断行业的工资收入管制与约束制度[111]。黄速建、余菁（2008）[112]，提出应根据国有企业的具体情况，分别建立适用于普通企业、行政化企业、法制化企业以及混合型企业的治理体制。孙文博，韩炳英（2008），从董事会、监事会、股权结构、高管薪酬四个方面对上市公用企业的内部治理进行了描述性统计与计量回归分析。

(4) 国有企业治理的外部因素影响

国有企业治理中有关外部因素影响的研究是我国国有企业治理研究中内涵最为丰富的地方，也是我国研究国有企业治理的特色所在，具有很强的实践性。相关文献涉及国有企业与政府（投资人）的关系、与市场健全度（竞争性）之间的关系、与资本市场的关系、与人力资源市场的关系、与企业的社会责任与政府制度规制关系等六个方面，既充分显示了国有企业的特色，也大量反映了国有企业经营中出现的包括机会主义行为在内的问题，为我们后续研究国有企业的机会主义与治理提供了很好的启发与借鉴。为了便于比较，具体文献总结如表1-6。

3. 关于国有企业公司治理文献的评述

整体而言，国外关于国有企业的公司治理更多的是关注产权对国有企业效率与行为选择所带来的影响问题，其开出的药方是私有化。而国内关于国有企业治理问题的研究则关注的内容要丰富得多，有关学者们既关心内外部治理的综合引入，又重视内外部环境对国有企业治理的影响问题。研究的重点多为在现有公有产权的基础下如何发挥利益相关者参与企业治理的多元化治理模式的优势，如何通过制度环境建设来促进国有企业治理目标的实现问题，这也是与我国国有企业众多、影响重大、机会主义表现繁多的原因分不开的。需要指出的是，上列国内研究国有企业治理中所涉及的四个方面都与"机会主义"行为的预防与矫治紧密相关。

表 1-6　国有企业治理的外部因素影响文献分类汇总表

所涉关系影响因素	文献作者和发表时间	主要研究观点
与政府（投资人）的关系	王红领（2000）[86]	国有股一股独大，行政操纵、政企不分、影响公司治理
	何炼成、赵增耀（2000）[105]	国企治理问题：A. 所有者缺位（产权约束）；B. 政府廉价投票或滥用投票，C. 经营者滥用权利、妄为；D. 委托—代理中的激励约束不兼容与内部人控制；E. 委托—代理层级繁多，代理链过长，交易成本巨大，信息不对称；F. 国有股一股独大，且作为国有股、法人股不准流通限制了股票市场对企业的影响
	魏纪泳等（2005）[113]	国企的刚性契约（稳定性，长期性）和劳动合同的不完善，是造成低效率的原因
与市场健全度（竞争性）的关系	林毅夫（1995）[83]	国企改革、治理的关键在于充分、公平的市场竞争，充分信息、兼容、责任对等，这样政府就可以有效地监督和激励经营者
	曹正汉（2000）[114]	在市场化改革中，由于政府有限的行为能力使其不可能获得"完全信息"，所以在国有企业治理中需改革职位产权，即按职位在集团内部配置权利
	苏艳芳等（2009）[115]	不公平竞争引发的市场机制扭曲，进而导致其他性质市场经济主体经营哲学和市场行为的扭曲，所以国有企业治理中应回归到市场解决的框架中，"找市场不如找市长"
与资本市场的关系	何炼成、赵增耀（2000）[105]	由于国有股、法人股比重过大，不能流通，导致股市对经营者的约束力很小，易被操控。所以中国不适用美国式的源自股权分散后的市场主导模式
	谢庆奎等（2009）[116]	由于国有股一股独大，加上剥离非上市资产上市的模式及代理关系，导致部分国有股股东容易利用其控股地位违规担保、占用上市公司资金、资产及产品的关联交易等方式掏空上市公司
与人力资源市场的关系	齐星（2007）[117]	外部治理机制很难发挥作用，其中的一项表现是经理市场对公司的监督作用有限，是导致国企治理失效的重要原因。
	奚玉琴等（2009）[118]	国有企业治理中实行股权激励的主要障碍之一是人力资源市场尤其是职业经理人市场尚不完备

续表

与企业社会责任的关系	沈志渔等（2008）[119]	国有企业本身的性质决定了国有企业需要兼顾经济目标与非经济目标的实现，且后者更重要。而国有企业非经济目标主要通过国有企业履行社会责任的方式来体现
	杨宝良（2009）[120]	国有企业社会责任是指国有企业在追求经济效益的同时负有的维护和增进社会利益的法律与道德义务。公共属性是国企根本的、内生的属性，我国国有企业在诞生之初就肩负着与生俱来的社会责任
	苏蕊芯，仲伟周（2011）[121]	指出国有企业和私营企业在履行社会责任的经济动机方面有所区别
	邓凤姣（2012）[122]	从国有企业社会责任信息披露完备性影响因素的角度涉及了国有企业的治理
与政府制度规制的关系	阳东辉（2004）[111]	政府可以以通过特许经营权的授予、制定国有企业的价格以及监管的方式干预和管理公企业；建立政府对公企业债务承担无限责任的非法人模式是国有企业治理结构的核心
	李向荣（2008）[123]	在国有企业的公司治理中，政治和法律制度会直接和强制性地影响和约束公司治理模式选择；经济制度环境会间接和非强制性的影响和约束公司治理模式选择
	张红凤，周燕冬（2009）[124]	国有企业治理政府规制应改进内容包括：A. 加快公用事业的市场化改革，引入间接或潜在竞争模式，破除行政垄断；B. 深化公用事业的价格形成机制改革，完善听证会制度，促进社会参与和监督；C. 引入激励性规制治理模式；D. 在公用事业治理中加强社会性规制，以技术创新和制度保障促进公用事业行业的环境绩效；E. 加强公用事业普遍服务义务
	孙自愿等（2013）[125]	从政府规制、内部人控制与资源整合的角度出发讨论了国有煤炭企业的治理问题。
	卫祥云（2015）[126]	从对自然垄断性国有企业存在的悖论，政府对自然垄断行业国有企业规制的优劣势以及我国现行对自然垄断性企业规制的内容。

在前列 2（1）"扩大外部治理范围，强化对国有企业的监管"部分所列的有关国有企业内外部治理的界限划分与范畴的文献，刘磊等的研究中已经涉及了防止、约束委托人（国有产权职能）部门的机会主义行为的问题，而张明的声誉市场机制、法律与政治环境都是直接对经理人"机会主

义"行为进行约束与抑制的有效手段之一。在1.4.3的第二点中（2）所列的国有企业治理模式与重点的研究，无论是单边治理模式（以股东作为监督治理的主体），还是后续发展出来的多边治理模式（考虑外部利益相关者参与治理），不过是将防止国有企业经营中存在的经理人损害所有者（股东）利益的机会主义行为，扩展到了防止经理人或委托人损害职工、债权人、小股东、消费者等利益的机会主义行为而已。而1.4.3的第二点中（3）和（4）所列国有企业治理与内部环境因素与外部环境因素之间的关系既涉及了"机会主义"行为产生的"温床"与"条件"，又涉及了如何通过抑制或预防"机会主义"行为来实现国有企业治理之目的，如1.4.3的第二点中（3）中所涉及的阳东辉等主张的应建立有别于传统私营企业的内部组织体制和外部干预法律制度，特别是建议建立垄断行业的工资收入管制与约束制度等实质上就涉及了国有企业中常见的"内部人掌控"与"内部人利益私分"等机会主义行为表现形式与抑制治理问题。1.4.3的第二点中（4）中与政府投资人的关系更是典型触及了国有企业中机会主义的核心利益导致的，委托主体虚置所导致的国有委托人偷懒、怠职而监管不力或者滥用投票权为己谋利等机会主义行为；由于市场健全程度不足，缺乏必要的资本市场与人力资源市场（经理人竞争市场），都是造成机会主义行为在国有企业中频发的重要原因，也是我们在研究相关国有企业治理时的重要着眼点和着力点，而如何通过机制与制度的设计来预防与治理国有企业经营中的机会主义行为则是我们研究的最终目标所在。

1.4.4 委托代理理论的研究

委托代理理论是有关公司治理的各个理论中起承上启下作用的最基础也最为核心的理论之一[①]，正如哈特（Hart，1995）撰文所指出的，没有

---

①作为公司治理的理论基础包括：委托代理理论、超产权理论、两权分离理论、股权至上理念以及利益相关者理念等等，而委托代理理论是所有公司治理理论中最重要的。

代理问题公司治理问题就几乎不会产生[55]，而公司治理中的机会主义行为的最大产生"温床"就是委托代理关系，所以离开了对委托代理理论去研究公司治理中的机会主义是"缘木求鱼""无的放矢"，终不可能有所发现。

1. 国外研究文献综述

国外关于委托代理理论的研究非常丰富，与本书所研究主题相关的文献整理起来可以包括以下几个方面：

（1）托代理关系的定义与重要性

关于委托代理关系的定义问题，作为早期重点研究人的约翰逊和迈克林（Jeson & Meckling, 1976）[61]将委托代理关系定义为一个或多个行为主体能够据其指定雇用另一些行为主体为其提供服务，并根据其提供的数量和质量支付相应的报酬的契约。哈特（Hart, 1995）主张，正是（企业）存在着代理问题（特别是代理中组织成员之间存在着利益冲突）以及交易费用之大无法通过契约来解决这两个条件才会使公司治理的问题得以产生[140]。

（2）委托代理关系及问题的产生

最早发现在现代公司中存在委托代理问题的经济学家可以追溯到亚当·斯密，他在《国富论》就有过"在钱财的处理上，股份公司的董事为他人尽力，而私人、合伙公司的伙伴则纯粹为自己打算。所以，要想使股份公司的董事们监视钱财用途，像私人、合伙伙伴那样用意周到是很难做到的。在这些企业的经营管理中，或多或少地疏忽大意和奢侈浪费的事总是会流行"[12]的论述，而该论述已经涉及了企业委托代理中可能存在的"不尽职责、疏忽大意和奢侈浪费等"败德现象这一委托代理问题的核心表现。1932年，伯利和米恩斯（Berle & Means）在《现代公司与私有财产》中一方面分析了所有权与控制权同归于一人对企业所带来的弊端和危害，同时也提出了在美国日益显著的所有权与控制权两权分离的情况下，基于委托——代理关系所能导致的由于管理者权力增大有损害资本所有者利益的危险的问题[4]。而真正现代意义上的"委托代理关系"一词是由罗斯（Ross. S, 1973）提出的，他认为"如果当事人双方，其中代理人一方代表委托人一方的利益行使某些决策权，则代理关系就随之产生了"[127]。而约翰逊和迈克林（Jeson & Meckling, 1976）[61]作为最早专门研究委托代理关系的学者则系统分析了委托代理关系中由于委托人与代理人双方的效用函数不一致，双方权责风险承担的不一致以及双方之间存在着信息不对称等原因，造成委托人代理成本的支出与损失等。阿罗（Kenneth J. Arrow, 1985）进一步将委托代理问题区分为逆向选择和道德风险两种类型。逆向选择就是代理人在事前利用其自身占有委托人所观察不到的信息的优势，并利用这些信息不对称优势进行不利于委托人的决策选择。而道德风险就是指代理人事后借委托人观察监督代理人行为困难之机，利用事后信息的非对称性、不确定性以及契约的不完全性而采取的不利于委托人的行动[128]。无论是前述文献中伯利和米恩斯提到的两权分离条件下管理者由于权力大增可能损害所有者利益的问题，还是阿罗所提的委托代理中的道德风险问题大都属于典型的机会主义问题，其都以代理人利用自身对委托人的信息不对称优势为条件，以损害委托人利益的方法追求代理人自身的利益，具有典型的"损人利己"的机会主义特色。

（3）委托代理问题的解决

伦德纳（Radner, 1981）和罗宾斯泰英（Rubbinstein, 1979）分别通过使用重复动态博弈模型，分析发现一次博弈容易产生委托代理中的机会主义问题，但是如果委托代理双方能够保持长期的关系，贴现因子足够大（双方有足够信心），那么，帕累托一阶最优风险分担和激励是可以实现的[129]。也就是说长期的委托代理关系可以更有效地处理激励问题。法玛（Fama, 1980）提出利用代理人的市场声誉督促代理人努力工作，他认为代理人市场会对代理人行为产生约束作用，提高其违约成本[130]。范里安（1991）提出，解决委托代理问题的另一种办法是利用潜在的代理人相互竞争，从而在代理人之间形成相互制约的机制。平狄克、鲁宾菲尔德

（2009）认为可以建立委托代理框架中的激励机制，并分析提出通过设计利润分享安排和奖金支付制度适于解决所有的委托代理问题。他们认为当直接衡量努力结果不可能时，奖励高水平的努力结果的激励结构能够使代理人追求所有者设定的目标[131]。Chung 和 Lee 等（2013）在对韩国上市公司的数据进行研究后发现，工会力量的引入与牵制作用有助于减弱或避免管理层进行"过度投资"等机会主义行为倾向，特别是对于那些外资持股比例较高或负债率较高的企业而言，工会所起的抑制机会主义行为的作用将更为显著，故主张在公司治理中通过"工会"来纠正新兴市场上管理层偏离公司价值最大化的"过度投资"等机会主义投资行为[132]。

（4）关于复杂委托代理

在传统的双边委托—代理关系中，一个委托人将某项任务授权给与自己的目标函数不一致的一个代理人，而伴随着经济的发展与经济组织的日益复杂，开始出现更多层次的委托—代理关系。传统委托代理中的单一委托人在企业经营管理实践中被变成多个之后所形成的多委托人委托代理模型等，具体多委托代理分类的相关的国外文献如表 1-7。

表 1-7　委托代理理论研究及主要观点

委托的概念和种类	文献作者和发表时间	主要观点
多委托代理的整体概念和意义	Bemheim & Whisnton （1985）[133] （1986）[134]	A. 定义这种具有多个委托人和一个代理人的委托—代理关系称为共同代理 B. 多委托条件下总的激励方案总是有效的，无论何时委托人之间的共谋将是最优的，强纳什均衡存在，这必将导致有效率的产出 C. 当共谋没能达到最优的情况下，非合作的行为也不会达到次优
多委托人委托	Dixit, Crossman & Helpman （1997）[135]	A. 在"利益相关者经济"已经来临的基础上，企业的委托人就不仅有股东，还有信贷人，地方社区等 B. 因委托人的增加，即使在完全信息条件下，也会产生有效地产出能否获得以及剩余索取权在多参与者中如何分配的问题 C. 更多的委托人要合谋，更大地降低最优合同的风险；要窝里斗，导致更大的委托人行为负外在性。这都是使得激励产生扭曲现象

续表

多任务委托	Holmstrom & Milgrom (1991)[136] (1994)[137]	A. 解释了多任务的"激励失灵"的原因为：一个组织的各项任务之产出是极难观察的，结果，对所有任务而言激励措施变得"低能"了 B. "当代理人从事多项工作时，对任何给定工作的激励不仅取决于该项工作本身的可观测性，而且取决于其他工作的可观测性，特别是，如果委托人期待代理人在某项工作上花费一定的精力而该项工作又不可观测；那么，激励工资也不应该用于任何其他工作"[225]。在这种情况下，固定工资合同可能优于根据可观测的变量奖惩代理人的激励合同 C. 深化解释了"激励失灵"，认为：状态依赖报酬激励、产权激励和工作设定等企业的三种激励措施会相互冲突，产生激励的扭曲。一种激励措施的作用也会因为其他激励措施的采用或不采用而分解

国外的相关研究除了对于多委托代理本身的定义、类型等的研究外，多集中于共同委托—代理的相关博弈均衡，多委托人环境上的激励机制设计原理，委托人的合作与竞争对代理人激励的影响等方面。具体总结复杂委托代理相关的国外文献如表1-8。

2. 关于委托代理理论的国内研究状况

相较于企业治理问题，委托代理问题难称显学。我国国内专门关注委托代理关系问题研究的集中于在张维迎、杨瑞龙等少数学者。且其也多是结合我国国有企业的特殊性来研究对委托代理关系有何特殊影响和规制问题进行探究，现分述如下：

表1-8 多委托代理相关的国外文献分类汇总简介表

所涉问题	文献作者和发表时间	主要观点
多委托代理的概念	Bemheim & Whisnton (1985)[133]	A. 定义这种具有多个委托人和一个代理人的委托—代理关系称为共同代理 B. 多委托条件下总的激励方案总是有效的，无论何时委托人之间的共谋都将是最优的，强纳什均衡存在，这必将导致有效率的产出 C. 当共谋没能达到最优的情况下，非合作的行为也不会达到次优

续表

多委托代理中的博弈与均衡	Dixit, Crossman & Helpman (1997)[135]	以博弈的角度研究了共同代理中的信息不对称问题后主张： A. 这种信息不对称仍将对共同代理有重要的影响 B. 即使在完全信息条件下，由于委托人的增加，也会产生能有效地产出能否获得以及剩余索取权在多参与者中如何分配的问题
	Laussel & Breton (2001)[138]	A. 证明了由于委托人之间存在竞争关系，代理人能获得一定的信息租 B. 可以根据代理人信息租的大小对多种共同代理关系的中常见利益集团游说政府，公共物品的私人生产等方面的进行效率评价
	Mairtmort & Stole (2009)[139]	A. 进一步比较了各种博弈形式（内生、授权、垄断、完全竞争）的均衡特征 B. 开发了一个需求偏好框架，反映基于竞争强度的替代和互补性方面的变化，以及这一结构如何直接与博弈形式的各种产出联系在一起
多委托人环境上的激励机制设计原理	Myesron (1981)[140]	委托人应该构造其激励兼容系统，这样代理人将愿意诚实地显示他们所有的信息且不存在一般性损失
	Bemheim & Whisnton (1985)[133]	A. 如果多委托人之间合作行事的话，会取得共谋的结果，他们的福利优于不合作的情况 B. 如果在多个委托人之间不合作的情况下，由于没有一个委托人能够从其提供的激励中排他地获得利润，搭便车的问题因此出现
	Holmstorm (1982)[141], Macho-stadler (1998)[142]	针对多代理人的道德风险问题所提出的解决框架： A. 两个委托人可以任命一个"委托人的委托人"，后者将在组织中替代这两个委托人，但不直接与代理人打交道。这样将有利于避免代理人利用委托人之间的差异与矛盾 B. 是委托人与一个风险中性的中间人签约。委托人与这一中间人签约，根据结果向中间人支付，然后由中间人负责向代理人提供一个状态依存性合约，使得其中初始委托人不再有权利与代理人建立关系
	Martimort & Stole (2002)[139]	归纳了在共同代理情况下代理人与委托人之间可能存在的合作，非合作一致以及非合作对抗中的三个信息显示的问题，分析了多委托人的合作与竞争对代理人激励提供的影响

来源：王小芳，管锡展. 多委托人代理关系——共同代理理论研究及最新进展①[143]

---

① 王小芳，管锡展. 多委托人代理关系：共同代理理论研究及最新进展[J]. 外国经济管理，2004（10）：10-14.

(1) 关于国有企业治理与委托代理理论的关系

杨瑞龙（1995）[34]主张对国有企业改造过程中，在不改变国有制前提下把企业改造成适应市场竞争和具有法人资格的主体。因此，应当在保持国家的出资人所有权的前提下，由企业法人拥有法人财产权，从而在国家与企业法人之间形成特定的委托代理关系。

(2) 关于国有企业委托代理关系的特殊性问题

张维迎、吴有昌等（1995）[144]分析了国外委托代理与我国国有企业委托代理的不同之处，指出我国公有经济中的委托代理关系具有多重委托的特殊性，表现为自下而上和自上而下的两条委托授权链下的代理关系，前者指从初始委托人（全民）到国家权力中心的委托代理授权，后者指从权力中心到最终代理人（企业内部成员）之间的委托代理授权。杨瑞龙（1997）将其简化成为："（政府）既是初始委托人的代理人，又是最终代理人的委托人"[145]。杨瑞龙还在同一篇文章中进一步分析了"国家代理"所具有的①国家以行政权为基础的强制性的代理关系而非是基于自愿的契约；②国家同时拥有公共财产的控制权与剩余索取权且这些权利的配置明显具有等级性；③政府行使公共产权的目标多元，而非仅是利润最大化；④政府的剩余索取权具有不可转让等几个特性。冯根福（2004）指出，委托代理理论是一种单委托代理理论，主要针对以股权分散为主要特征的上市公司而构建的公司治理理论，不适合以股权相对集中或高度集中为主要特征的公司治理问题的分析框架。他提出了一种控股股东（大股东）与经营者、中小股东与代理人的双重代理理论[146]。此外，魏斌、汪应洛（2001）[147]以委托代理中的多任务模型研究了外部兼职问题。范鹏飞，邓守赤（2001）[148]研究了多项任务委托代理模型在人才任用中的应用。

(3) 关于国有企业多委托代理中存在的问题

张维迎（1995）认为国有企业委托代理中的最核心问题是低效率，甚至认为"在国有产权的政府代理下，……，初始委托人的监督积极性和最终代理人的工作努力水平随公有化程度的提高和公有经济规模的扩大而递减"[144]。杨瑞龙（1997）[145]分析认为国有企业原有的行政代理中存在着激励成本与信息成本较高，约束效力降低以及难以避免影响力成本（将相当多的时间和精力用于游说上级和建立关系网之上）等问题。

事实上，由于国有企业的财产隶属全民（国家），这两者任何一个主体都无法确实地对国有企业行使财产所有权，故而其只能向下委托其他机构或组织替其完成相关的工作，故而使得国有企业的经营一定是存在于委托代理关系之下。而本书前面所梳理国有企业治理中的外部环境影响的各个方面所发生的问题，如前面提到过的"所有者缺位（产权约束）""政府廉价投票或滥用投票""经营者滥用权利、妄为"等，事实上也就是国有企业委托代理中存在的问题，为了避免重复，这里就不再赘述了。

3. 关于委托代理理论的评述

国外委托代理理论的研究也出现从简单到复杂，从委托代理关系的定义界定，到委托代理问题产生的成因追究，再到研究机制解决方法的发展过程，其多重委托代理理论亦是从概念、内涵的研究出发，再到博弈均衡过程的实证，最后到激励机制的设计原理与相互影响方面的研究，再次体现了从简单到复杂，从研究问题的产生过程到重点研究问题的解决机制的发展脉络。同时需要指出的是，前述国内外所有有关委托代理问题的研究，实质上都涉及了相关的机会主义行为的产生与预防问题，如作为委托代理问题产生原因的，委托人与代理人之间利益不一致、信息不对称、激励与约束不兼容等的问题，同时也是诱发机会主义行为产生的原因，委托代理问题的核心问题（如道德风险）往往就表现为代理人的机会主义行为，而对委托代理问题的治理与解决措施无论是从降低委托代理关系中的信息不对称，还是解决委托代理中的激励与约束不兼容，其目的从表象上看就是如何克服与降低机会主义行为发生概率与影响的问题。所以委托代理问题、公司治理与机会主义行为的预防三者之间是密不可分的。

1.4.5 国内相关理论外文献的整体评价

首先，公司治理理论是文献所涉及的所有理论的出发点，也是后续委托代理理论与机会主义行为理论研究产生的基础。作为国内外公司治理研究的起点，大都源自伯利和米恩斯发现的两权分离条件下，掌握企业经营控制权的经营者有可能由于自身权利大增而损害到企业所有者利益的问题。而在研究如何解决、克服这一矛盾的问题的过程中，一旦将重点集中于为了发挥各自的专业特长，企业所有者通过明示或显示的协议，将企业的经营权委托给经理人实施，而由自身享受经理人的企业经营收益并向各个经理人支付报酬的过程，就进化到了委托代理理论的研究范畴。在研究委托代理的过程中，一旦将关注重点集中于委托代理问题的表现与解决之上，即在委托人和代理人双方之间的利益（效用）不完全一致出发，接着探究了公司的委托代理过程中基于利益（效用）不一致、信息不对称、责权不对等以及激励不兼容的情况下，如何解决由此导致的代理人为了个人利益而可能存在的，利用自身的信息不对称优势损害委托人利益的道德风险与逆向选择问题，实际上就开始涉及了机会主义行为的问题。因为道德风险所产生的各种败德问题（如偷懒、搭便车、欺骗、混淆、合谋等）在本质上都属于机会主义问题。而有关机会主义问题的研究与解决，放到委托代理理论环境下，也就是委托代理理论所要研究的重点问题，并且其相关解决方案的研究与设计最终也就达到了公司治理之目的。所以说公司治理、委托代理与机会主义行为理论之间构成一个紧密联系、相互影响的理论链条。

其次，关于委托代理的相关研究出现从简单到复杂，从委托代理条件下的企业治理的概念界定到成因分析与实证，再到激励机制与对策研究的发展脉络。结合国内已有的研究成果，有关委托代理条件下治理已经从仅考虑出资人的股东权的股权至上主义，发展到考虑引入人力资本后的直接利害关系人（经营者与职工）的内部治理，再到考虑引入间接关系人（外部独立董事/媒体公众），从单一委托（出资人——经营者）到多重委托代理（董事——经理，经理——职工，董事——职工等），从单边治理到多边治理的发展历程，从单一委托主体到集体选择后的集体委托主体的过程。并且，当前学界研究的已经开始从一般性的普通企业的治理与委托代理问题，逐步发展到了研究特殊企业，诸如国有企业、中小型企业、乡镇企业、家庭企业等特殊型企业的治理问题之上。研究重点也出现了从理论经济学向行为经济学进行转化，而所有这一切委托代理理论问题研究的深化趋势结合起来，就完全符合笔者本书中将机会主义行为问题限定于国有企业治理的背景下，置于委托代理环境中的研究脉络。可以说笔者本书研究"国有企业委托代理经营中的机会主义行为及其治理"完全符合对当前不断深入的委托代理理论研究的深化趋势。

最后，机会主义的相关研究也开始从机会主义的"损人利己"的概念、特征，发展到探究机会主义产生之利益不一致、信息不对称、行为不确定性以及机会主义非法利益可期，且受惩罚的概率与损失较小的起因之上，从机会主义行为基于道德风险所引发的偷懒、欺骗、误导、混淆等相关行为的表现，基于公共选择所引发的搭便车，基于资产的专用性所产生敲竹杠以及基于一次、临时博弈所产生的短期行为等，发展到将机会主义的表现进行深入的分类为故意实施的机会主义与合法的机会主义行为，强形式的机会主义行为与弱形式的机会主义行为，并进而研究到机会主义行为的社会影响之上，从对机会主义行为的普遍研究到对特定主体、特殊行业、产业的机会主义研究的深入研究，从对市场交易中的机会主义行为的研究，扩展到对企业内部经营管理过程中，特别是治理过程中的机会主义行为的研究与预防之上等。再次体现了对有关机会主义的研究，从普遍到特殊，从理论到行为，从机理到预防的深入研究过程。

此外，在深入探析国内外相关理论研究的基础上，笔者认为针对我国的国有企业机会主义行为及其对国有企业经营绩效的研究尚存以下几个方面的研究空间：

首先，国内外对于公司治理机制的研究无论是从基础理论，还是从模型实证都已经非常丰富、翔实了，但是从行为的角度对于公司治理中委托代理问题产生的原因之分析仍比较欠缺。例如国内外以委托代理理论研究公司治理问题时，大都涉及了"败德行为"与"逆向选择"的研究，但大都局限于对于前列委托代理问题的整体形成机理的研究，对其中具体"败德行为"（就是机会主义行为）的深入研究明显不足，既没有对一般委托条件下的机会主义，发展到国有企业复杂委托条件下的机会主义行为及形式上有何特殊表现加以充分考量，也没有深入研究这些机会主义行为产生的原因，机理与形成过程的探究，相关研究明显不足。

其次，对于企业治理、委托代理关系与机会主义行为之间的内在联系与相互影响方面研究不足。特别是对委托代理条件下的机会主义有何特点，国有企业复杂委托代理条件下的机会主义行为有何特点研究不足，因而也无法全面地总结如何通过降低和削弱信息不对称，通过薪酬分配制度的调整来尽力弥合国有企业经营中委托人（一般为机会主义行为相对人）与代理人（一般为机会主义行为人）之间的利益差别，促进激励约束一致，减少行为的不确定性等来降低或消除机会主义行为的发生概率，进而解决委托代理问题，实现公司治理目标之目的。

针对国有企业这一特殊类型的委托代理问题研究仍然存在不足之处，特别是对多头委托代理以及集体委托等复杂委托代理条件上的治理研究仍然较为欠缺，特别是基于行为经济学从委托人、代理人的机会主义行为产生与作用的机理视角去分析国有企业复杂委托代理经营中的信息不对称的形成，机会主义行为的表现方式与作用机理，特别是针对国有企业这一具有特殊委托代理关系特色的企业治理中如何克服各种机会主义行为，避免信息不对称的问题，更是研究短缺，因而也就无法在机理与制度上预防机会主义行为的发生。

所以将几方结合，以行为经济学、制度经济学为理论基础，探究复杂委托代理条件下的国有企业（这一具有强烈特殊性和社会意义的国有企业）机会主义行为下的预防与治理机制，探索相关机会主义行为的产生的机理，分析复杂委托代理条件下的多委托人与代理人相互之间的信息传导与博弈和信息不对称的形成过程，并根据研究分析结果有针对性地提出解决国有企业复杂委托代理条件机会主义行为的防治与治理解决问题，提出相应的理论性和制度性对策建议，既符合当前国内外新的研究方向与趋势，也有利于弥补相关研究的缺陷与不足之处，有较高的理论与现实研究价值。

1.5 研究内容、思路和方法

1.5.1 研究的内容

本书以国有企业机会主义行为与绩效低下并存为出发点，接着以委托代理机制和公司治理理论为基础，梳理总结国内外相关文献分析国有企业机会主义行为的表现，进而透过定性、定量分析方法探讨基于委托代理机制不健全引致的机会主义行为对我国国有企业经营绩效所产生的不良影响。结合机会主义的产生机理、途径过程进行国有企业复杂委托代理关系中的"机会主义"治理机制设计，以减少机会主义行为的诱因、阻断机会主义行为产生途径并最终降低机会主义行为的发生概率。最后针对这些问题的产生机理与环节有针对性地提出治理对策与建议。本书技术路线图如图1-2所示。

1.5.2 研究的思路

本书在明确选题的原因意义并进行文献总结与基础概念、理论引出的基础上，第一，以国有企业机会主义表现为出发点，分析了国有企业委托代理条件下机会主义产生一般表现，复杂委托代理条件下的特殊表现，以及分类的意义和价值。第二，分析了委托代理环境对机会主义行为的影响，包括一般性影响（成本、收益、效率），特殊性影响（行为模式，价值取向和偏好等），影响范围（经济、社会、文化）总结归纳机会主义行为对国有企业的危害。第三，分析国有企业委托代理经营中的机会主义行为产生的原因，通过在国有企业机会主义产生的背景，一般委托产生的原因，委托代理的影响，特殊委托产生的原因特别是多重委托代理、集体委托、多头委托以及多任务委托条件下国有企业机会主义行为的发生表现与形成机理分析，探究国有企业机会主义行为形成的深层次经济原因。第四，结合前文的分析，分析我国国有企业机会主义行为的治理，治理的主体系框架，治理的核心机制、治理的具体制度等。探索如何通过制度设计来降低国有企业复杂委托代理中机会主义行为的发生概率，从而降低和减少国有企业经营中的交易成本，达到促进国有企业盈利率提升的目的，最终提升国有企业的产品生产和服务提供效率，促进国有资产地更为有效地配置。第五，是结论与展望部分。

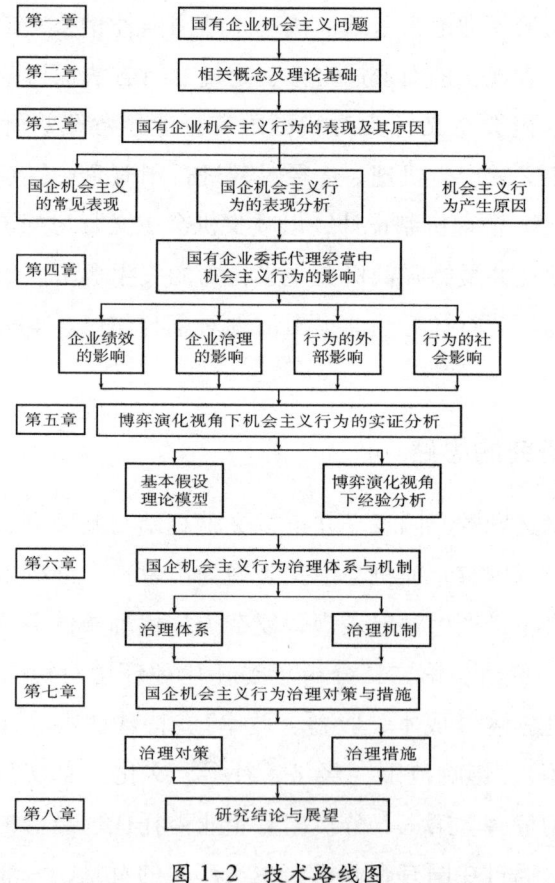

图1-2 技术路线图

第一章，绪论。本部分主要包括：问题的提出与意义，对于国内外相关文献，包括机会主义理论、企业（公司）治理、国有企业治理、委托代理理论以及多重委托代理等问题进行梳理与评价，并在此基础上寻找各个理论内在的联系，当前国内外研究的共性发展趋势及不足之处，从而为本书寻找切入点和研究重点；整理归纳概括了本书的研究思路、技术路线、研究内容与方法，最后总结了本书的重点、难点。

第二章，本书的相关概念与研究基础。在本部分首先对包括国有企业、机会主义行为、委托代理关系、复杂委托代理关系以及激励与约束机制等本书研究中所必须涉及的核心概念进行了明晰与确认，进而对其相关的经济学理论，包括契约理论、委托代理理论、公共选择理论、激励机制设计理论等进行了简单的回顾与介绍，以便为本书后续的研究做好前期的概念、理论和工具铺垫。

第三章，委托代理关系下的国有企业机会主义行为表现与原因。第一，本书分析了委托代理关系下国有企业机会主义行为的常见表现。第二，深入分析了国有企业机会主义行为的表现形式。第三，分析了委托代理对国有企业机会主义成因的影响，特殊委托产生的原因特别是多重委托代理、集体委托、多头委托以及多任务委托条件下国有企业机会主义行为的发生表现与形成机理分析，探究国有企业机会主义行为形成的深层次经济原因。从而为后续研究国有企业复杂委托条件下的机会主义行为产生与机理分析做出辅助和铺垫。

第四章，复杂委托关系下的国有企业机会主义行为的不利影响。分析了委托代理环境对机会主义行为的影响，包括一般性影响（成本、收益、效率），特殊性影响（行为模式，价值取向和偏好等），影响范围（经济、社会、文化）总结归纳机会主义行为对国有企业乃至社会整体宏观经营环境的危害。

第五章，基于博弈论与信息经济学的基础理论，结合演化博弈研究的相关视角，设计国有企业委托代理机制下机会主义行为产生及发展的理论模型，并透过对模型的深入剖析探讨机会主义行为的后果；进一步结合我国国有企业经营实践对该理论模型在实际经济中的应用进行经验分析，实证检验我国国有企业经营主体在多种委托代理机制下发生机会主义行为的行动策略选择及行为路径。

第六章，国有企业复杂委托代理关系中的"机会主义"治理体系与机制设计。为了解决国有企业复杂委托代理关系所带来的更为严重的委托代理问题，预防机会主义行为出现的根本方法从宏观层面是建立相应的国有企业机会主义行为的防治机制，确定相应的治理目标、治理原则，并构建了我国国有企业机会主义行为的治理体系框架。最后重点分析了剩余索取权机制、薪酬奖励机制、市场声誉机制、显性激励与隐性激励

第七章，通过相应的具体制度与机制的设计，如降低甚至解除委托人与代理人之间的信息不对称状态，使得代理人难以从事各种败德的机会主义行为；通过解决激励与约束兼容的问题，通过激励与约束机制使得代理人主动地去抑制自身的机会主义行为倾向，使自己的利益与委托人的利益尽可能的一致，通过追求委托人（企业）的利益最大化来实现代理人自身的利益最大化。

第八章，总结和展望。最后做出了结论总结，并分析了本书的不足之处和展望。

1.5.3 研究的方法

（1）文献分析法

文献研究的目的是尽快使自己对于所选题目获得科学的认识基础，其建立在相关文献资源的搜集、查阅、区别、筛选、归类、总结的基础之上。笔者通过对国内外企业机会主义行为，委托代理问题以及公司治理问题的梳理和研究迅速明确了自身的研究方向、研究重点以及可能使用的研究方法，为全文的写作提供良好的基础。

（2）案例分析法

机会主义作为一个行为本身很难测度，通过具体案例的研究我们更容

易发现问题,具有直观性,在本书中对国有企业委托代理经营中的机会主义行为分析的各个阶段,无论是机会主义行为在国有企业委托代理关系下的特殊表现,还是其形成机理以及治理方法等,相关的案例的引入都有助于我们更好地解释现象,理解问题。

(3) 博弈分析法。通过对委托代理关系中各利益主体、支出与收益的博弈分析,我们可以更为方便、直观地发现国有企业复杂委托条件下机会主义行为的生成机理,产生原因,从而可以更有针对性地提出解决对策。

(4) 定性研究与定量分析相结合的方法。

定性研究与定量分析都是经济学中常用的研究方法。定性研究是指利用已有的经验、原理由研究者运用历史回顾、文献分析、访问、观察、参与经验等方法获得相关研究的资料,并用非量化的手段对其进行分析、获得研究结论的方法。定量研究是指运用现代数学方法对有关的数据资料进行加工处理,统计数据,建立反映有关变量之间规律性联系的各类预测模型,并用数学模型计算出研究对象的各项指标及其数值的一种方法。本书中笔者即采用了大量的定性研究方法,通过已有文献、原理、问题的分析,得出公共企业治理中存在的问题、原因与机理,又通过定量研究的方法结合一定的图表、数据与模型进行相关公共企业各治理方相互关系与博弈影响的研究,以求探寻在多重委托代理条件下公共企业治理中问题发生的行为机理与解决治理方法。

1.6 研究的重点、难点和创新点

1.6.1 研究的重点

1. 机会主义行为与企业治理之间的关系

机会主义行为是本书研究的对象,其概念是本书的立论依据。本书针对选题进行的研究是置于国有企业治理的背景下,依据委托代理理论进行相应的分析。机会主义行为是新常态下国有企业治理的突破点，故此本书以国有企业经营中的机会主义行为和国有企业治理间的关系作为基础，通过关系分析明确研究范围，突出研究主题。

2. 国有企业机会主义行为特殊性及产生机理研究

相较于公司治理问题，国内外学界对机会主义行为问题的研究略显薄弱，且有关的科研方向也隅于一般经营性企业之中，少有对特殊的情况进行分类探究。本书专注于研究委托代理关系下国有企业经营中存在的机会主义行为，立足我国国情，探究国有企业中机会主义问题的特殊性，形成的原因、产生的过程及相应的治理办法。目的是总结出一般性的国有企业机会主义行为的产生机理和运作过程，为相关课题的研究和国有企业的改革提供理论的帮助。

本书的核心重点内容，同时也是本书的重要创新点是对以下问题的梳理和探究：①委托代理关系相关问题。国有企业经营管理中代理人与委托人之间的机会主义行为的运作机理和产生原因；委托代理关系中国有企业的代理人和委托人如何通过自身的行为来保持甚至是扩大其信息不对称优势，从而引发机会主义行为。②原因分析。机会主义行为形成的过程和机理是什么，委托人如何利用前述机理从源头减少机会主义产生诱因或抑制机会主义行为。③治理问题。怎样的激励机制能对机会主义行为进行过程阻断，同时最大限度地使得代理人和委托人目标一致。

以上便是本书针对国有企业机会主义行为特殊性和产生机理准备进行的相关研究。

3. 国有企业的复杂委托代理关系对于相关当事人机会主义行为的影响

国有企业较普通企业委托代理经营过程中最大的区别就是国有企业基于产权、国情以及历史现状等会形成复杂的委托代理关系。这些委托代理关系可被分为不同层级的多重委托、多任务委托，同一委托层级之间的集体委托和多头委托。复杂委托代理关系是本书研究中的现实背景，不同委托状态对于其中相关的当事人，其机会主义行为有不同的产生原因并能造成不同的影响。因此，研究机会主义行为在不同委托状态下的发生过程与原因，是本书研究机会主义行为治理的重点。

1.6.2 研究的难点

1. 复杂委托下国有企业机会主义行为的特殊表现

本书的书名是"委托代理关系下国有企业经营中的机会主义行为研究"，研究的出发点是"行为"。一般委托代理条件下的机会主义表现学者们早已广有论述，但对于复杂委托下的机会主义行为有何特殊性表现，这些特殊性表现对国有企业造成了哪些影响，又或为什么产生这些特殊性表现，以往学者在上述这些方面研究的较少。因此笔者尝试深入发掘三者之间相互影响与相互作用的内在机理，平衡好其各自之间的研究关系与研究深度，避免流于空泛。该点也是本书遇到的第一个难点。

2. 复杂委托代理关系下信息不对称的形成机理的深入分析

针对信息不对称现象，需要了解多头委托与集体委托中的决策机理。例如，代理人是如何利用自身的信息优势，操纵诱使多个委托人达成对自己有利的委托或决定的；代理人之间、委托人与代理人之间的行为关系与相互博弈的进程；以上也是本书研究中又一重点与难点问题所在。

3. 如何实证国有企业机会主义的严重程度及其影响因素

由于机会主义是一种行为，而这种行为的后果是难以用数据来准确核算归因的。例如我们可以通过理论分析说明机会主义行为是导致国有企业绩效不佳的重要原因之一，但是我们无法证明国有企业绩效不佳的数据就是由国有企业委托代理经营中所存在的各种机会主义行为所导致的。由于缺乏有效的数据，使得本书的相关论证，如国有企业的前述机会主义行为机理，机会主义行为的影响因素，信息不对称形成机理模式等都一定程度上受到实证乏力的影响。

1.6.3 研究的创新点

①国有企业机会主义行为的特殊性表现：本书对比了普通企业经营中

的机会主义行为，总结了国有企业的机会主义行为出现的"委托人机会主义（怠职与官僚主义）""企业攫取制度扭曲的红利""代理人信息过滤和信息挑拨"等特有的表现形式。分析了委托人延误、委托人合谋、委托人挑拨、委托人陷害、委托人弱化等几种在复杂委托下会产生的机会主义行为的表现形式。

②对委托代理条件下国有企业机会主义行为的治理体系的构建，为构思与完善国有企业机会主义行为的止损机制提供了依据和参考。

从宏观机制制度保障的角度提出了新常态下建立国有企业机会主义行为治理体系的设想，包括治理体系的构建，治理体系原则的提出以及治理内容各项制度的设置与作用的联合发挥。

③本书不仅从宏观上提出应建立国有企业机会主义的治理机制，分析了相关的原则、目标，而且从中引用了公司治理中的如剩余索取权在内的主要制度，更重要的是从微观上明确提出了对国有企业机会主义行为的治理的具体对策建议与制度需求。从而形成了一套比较完整的有关国有企业机会主义治理体系的初步构想。

④在解决国有企业复杂委托代理条件下国有企业治理问题的机制对策中，针对以往国有企业委托人决策时存在的不尽心尽职，唯首长意志或以集体决策逃避个人责任的问题，首次完整地提出借鉴和利用我国法律制度中业已存在连带责任追究制、无过错责任制、终身责任制等来强化委托人的监督意识和成效。同时，首倡借鉴西方英美法系的陪审团制度，通过创设社会监事团的办法，使消费者代表能够切实代表社会公众利益监督公共企业的经营运作与治理，以外部规制方法防止合谋腐败等问题的出现。

第二章

相关概念及理论基础

2.1 基本概念界定

2.1.1 国有企业

"国有企业"是一个既具有中国特色,又时至今日仍存在着一定争议的企业概念。通过张维迎(1994)"企业的所有权包括剩余索取权和控制权",所以"国家作为企业资本的提供者并不一定意味着国家要成为企业的所有者"[149]的论述,我们可以看出:张维迎主张的国有企业包括国家所有和国家控制的企业两种。刘世锦(1995)却主张"企业应当是追求盈利的组织,应当以生产经营活动为中心,应当自主地做出决策——这些企业都必须有的特征,传统体制下中国的国有企业却没有",所以其质疑"中国的国有企业不是企业",而是"国家制造的'社区单位'"[150]。黄速建、余菁(2006)更是主张"国有企业是一种政府参与和干预经济的工具与手段,是政府针对出现或可能出现的市场失效问题而代表公众利益所采取的诸多政策举措的一种。"[81]除了前述的几名著名经济学者的论述,孙长坪(2008)[151]从企业法的视角认为:企业的概念存在中包含了经济性质和组织形态两个方面的因素,仅从"资产来源"的角度定义"国有企业"在企业法上并不科学。

对于以上争议，结合前述理论与我国实践，笔者认为"国有企业"概念之争根源于我国"国有企业"的发展历史，也与相关研究中没有很好地区分"理论"与"现实"问题紧密相关，以上问题具体表现如下所述：

第一，正如孙长坪所分析的："我国国有企业概念是随着我国企业制度改革的发展，从国有企业、全民所有制企业等逐渐演变而来的，是我国企业制度发展在特定历史阶段的结果"[151]，新中国成立后我国"国有企业"的概念是在两权分离概念得到了我国学界和政府普遍认可后，逐渐发展形成的。这一过程中，国有企业先是经历了从"国营"到"国有"的理念发展进程，接着，又在有关"国有"到底是指"全民所有"，还是指"政府所有"上一度存在理解上的争议。虽然事后学界一致认可"国有企业"是在"全民所有"的基础上，向下委托政府部门代为管理的。但是如果考虑到"全民"这一主体，事实上因为难以行使所有权而存在虚置的问题，就不难理解刘世锦（1995）的"国有企业非企业"的疑问与争议。实际上，刘世锦的前述是强调关于国有企业"应当是什么"，而现实的概念是根据现状，说明国有企业"目前是什么"。两者本身不是在同一个层面上的讨论，并且伴随着我国始于20世纪90年代的以"抓大放小"为特征的国有企业改革、改制，我国现存的国有企业已经基本实现了公司制改造和现代企业制度的构建，在形式上与张维迎所研究的国有企业在定义、范畴上已经基本一致了。

第二，因为历史的原因，使得我国本来应与西方相同或近似的，成立就是为了解决"市场失灵"和"社会公平"而生（安蓉泉，2000）[152]的国有企业，在概念内涵与经营范围等方面与西方存在着明显不同。我们的国有企业在历史上存在于各个产业、各个行业甚至是各个规模之上。但需要注意的是，同样是由于前述的国企改革，使得我国现存剩余和新建的"国有企业"在投资和经营范畴上，越来越向西方靠拢，概念间具有更强的一致性。所以从这个程度上讲，前述黄速建、余菁（2006）主张的"国有企业是一种政府参与和干预经济的工具与手段，是政府针对出现或可能出现的市场失效问题而代表公众利益所采取的诸多政策举措的一种"的定义，存在着较大程度上的合理性。但是他们的观点没有考虑到国家基于社会公平或基于强化经济掌控能力的目的而由国家投资设立或管控之国有企业的问题，所以仍然存在着不足。

第三，从学科概念反映出的特点上来分析。经济学的核心问题是研究资源的配置，而法学概念则强调周密、严谨并且以权利和义务为核心内容，两者对于"国有企业"的定义当然会有所不同，不宜强求一致。这也就是为什么"经济人假设"不能出现在法学概念中的原因。

综上所述，笔者认为"国有企业"的定义应当是：国有企业是国家为了解决市场失灵现象和实现社会公平的目的，由国家投资或参与控制的企业。这里的"国家"应做广义理解，其既包括由中央或联邦政府投资与控制的企业，也包括由地方政府投资设立的企业等。

2.1.2 机会主义行为

机会主义行为（opportunism behavior）本来是政治学上的经常使用的一个概念，泛指那些为了提升特定的个人或集团的政治影响力，不讲原则，为了一时的短暂收益而牺牲长远利益的行为。维基百科将机会主义行为定义为"一种很少考虑原则，也不考虑后果的，在利己动机引导下的一种自利的政策或做法"。在经济学上，"机会主义行为"被广泛地用于分析交易成本问题，是指在信息不对称的情况下，人们利用自己所掌握的信息优势，不去如实披露信息以及从事其他损人利己的行为。溯本及源，早在亚当·斯密的《国富论》中就有涉及对机会主义行为的描述[1]，其在实质

---

[1]《国富论》中主张："在钱财的处理上，股份公司的董事为他人尽力，而私人、合伙公司的伙伴则纯粹为自己打算。所以，要想使股份公司的董事们监事钱财用途，像私人、合伙伙伴那样用意周到是很难做到的。在这些企业的经营管理中，或多或少地疏忽大意和奢侈浪费"。

上已经初步涉及了"机会主义行为"在企业经营管理中的表现,但亚当·斯密本人并没有抽象地总结出"机会主义行为"的概念。

经济学上"机会主义行为"概念的是由威廉姆森(Williamson,1975)等经济学者们提出的。该理论假设行为人具有的信息不对称优势,同时又采取的是诸如欺骗、误导、歪曲等能够提供不完全或扭亏的信息提示之手段,行为人所实施的具有"损人利己"特征的一种自利性手段。安德森(Anderson,1988)[6]将机会主义行为定义为靠狡诈来寻求自我利益的投机性行为,张正军(1997)将机会主义定义为"……以欺诈手段追求自身利益人的行为倾向"[153]。王国顺的概念则是强调机会主义行为主体具有一定的走动性和逃避性[35]。总结起来,后三位学者分别为机会主义的内涵中增加了"投机性""自利性"以及"逃避责任"三个倾向性作为对机会主义"损人利己"行为描述的补充。

所以综合前人对"机会主义行为"的认识,我们总结机会主义行为的定义如下,即:机会主义行为是一个由掌握信息优势的人所实施的,以欺诈、误导、歪曲等手段或以其他可能造成交易对方混淆的手段实施的,不如实、不完全或扭曲地披露信息,具有损人利己特征的不道德投机活动。该行为一般是具有投机性以及逃避责任性的倾向,是一种自利性保护的手段和行为方法。机会主义行为本身还具有不当性(违反法定或约定义务和公序良俗等社会公众道德观)的特点。

需要指出的是,为了更明确地厘定"机会主义行为"本书第一核心词的概念内涵,我们需要将其与一个相近词——机会主义加以区分。"机会主义"同样是一个源于政治学并且至今仍主要使用于政治学领域上的名词,原意是指19世纪中期法国政治生活当中,为了获得选民支持随意改变自己的政治见解和政治态度,没有自身固定的主张的政党和政客。"机会主义"被马克思列宁主义思想家广泛地用于批判各种类型伪社会主义者,批判一些具有投机性的,不讲原则,为了一时的短暂收益而牺牲长远利益的一些政党或政客的态度(马克思[154]、列宁[155])。甚至列宁还批判性的将机会主义者的特征总结为:"迁就一时的情绪,不能反对风行一时的东西,政治上目光短浅,毫无气节。"[155]该词汇被引入到经济学中,用以形容一种"人"选择倾向,这样的行为是具有"损人利己"和"投机性"的。从机会主义与机会主义行为两者的概念产生与演变过程中,我们可以看出,两者词汇本身有紧密的联系,机会主义是一种漠视规则,以自有价值为判断标准的价值观,而"机会主义行为"则是往往是一种具有"机会主义"倾向的人所做出的具体行为。前者是对"人"的本体行为倾向属性的描述,后者是对本体所实施的具体行为的概括。

但对本书而言,笔者只是将研究的重点落脚于对"机会主义行为"的治理之上,因为行为是可以预防和治理的,而"机会主义"作为一种人的"主观"上的行为选择倾向是属于主观意识范畴的东西,必须依靠长期"潜移默化"的文化宣传、制度导引才会成功,不是本书要研究的问题。所以笔者本书研究中涉及治理的是"机会主义行为"而非"机会主义"。

2.1.3 委托代理关系

1932年,美国经济学家伯利和米恩斯(Berle & Means)由于发现独资与合伙企业具有的所有者兼具经营者的做法存在极大弊端,所以倡导企业所有者保留剩余索取权,而将企业的经营控制权让渡给经理人员,由经理人具体负责经营企业,经理人经营所获利润依委托契约的规定归委托人所有,同时委托人向经理人支付劳动报酬的一种制度,这就是委托代理。

现代意义上的"委托代理关系"一词是由罗斯(Ross. S,1973)提出的,他认为"如果当事人双方,其中代理人一方代表委托人一方的利益行使某些决策权,则代理关系就随之产生了"[127]。詹森和迈克林(Jeson & Meckling,1976)作为早期专门研究委托代理理论的学者,定义"委托代理关系是指一种契约,根据这个契约,一个或多个行为主体指定雇用另一些行为主体为其提供服务,并根据其提供的数量和质量支付相应的报酬"[61]。但是,正如任何事务的产生都有其两面性,作为奠定委托代理理论逻辑起点和重要基石的伯利和米恩斯（Berle & Means, 1932），也在研究中同时发现了"基于委托——代理关系所导致的管理者因为权力的大增而有损害资本所有者利益的危险的问题"（即委托代理问题）[4]。除了前述的经济学家以外，委托代理理论在经过了阿卡洛夫（Akerlof, 1970）[156]、斯宾塞（Spence, 1974）[157]、哈特（Hart, 1983）[158]、阿罗（Kenneth J. Arrow, 1985）[128]、青木昌彦（1994）[159]等学者的扩展与深入研究之后，有关委托代理的问题已经逐渐集中到：委托代理过程中所存在委托人与代理人之间的"利益（效用）不一致""风险责任不对等""信息不对称"与"激励约束不兼容"等四大诱发委托代理问题的根源，以及"逆向选择"和"道德风险"两大委托代理问题的表现之上。传统委托代理的问题解决也就日益集中到了：如何解决与降低"信息不对称"和"如何建立一套激励机制和监督机制来减少代理问题，让代理人的行动符合委托人的利益"之上。

有关委托代理理论问题解决模型的核心聚焦于以下一些方面：一个参与人（委托人）想使另一个参与人（代理人）按照委托人的利益选择去行动，但委托人不能直接观测到代理人活动，其能观测到的只是另外一些变量（如产出），这些变量由代理人的行动和其他外生的随机因素共同决定，因而委托人最多只能得到代理人行动的不完全信息。委托人的问题就是设计出一种委托人给予代理人有激励的报酬，以激励其选择对委托人最有利的行动。

在传统的双边委托—代理关系中，一个委托人将某项任务授权给与自己的目标函数不一致的一个代理人，这会带来激励问题[160]，并且这个过程是假设这个委托代理关系是一次性的，静态的。但是，伴随着经济的发展与经济组织的日益复杂，开始出现更多层次的复杂委托—代理关系，即一委托人对多代理人，多委托人对一代理人以及多任务等委托代理的问题。其中 Bemheim & Whisnton（1985[133]，1986[134]）定义"这种具有多个委托人和一个代理人的委托—代理关系称为共同代理"。Dixit, Crossman &

Helpman（1997）[135]则研究了多委托人对一代理人的多委托人委托，Macho-stadler（1998）[142]，Holmstorm（1982）[141]则研究了多代理人对一委托人的问题的多头委托代理关系的问题，而 Holmstorm & Milgrom（1991[136]，1994[137]）更是将一个委托人同时委托了多个任务给一个代理人的多任务委托纳入了自己的研究视野，这些共同构成了复杂委托代理关系的内涵。

2.1.4 激励与约束机制

激励与约束机制是指激励约束主体为了实现特定的组织目标，根据行为人的活动与行为规律，通过各种方式（如物质奖励、精神激励、机会提供、制度供给等），去激发行为人的动力，使得行为人能够发挥出其自身的积极性、主动性和创造性，朝着激励主体所期望的目标前进的过程。激励机制分为显性激励机制和隐性激励机制。其一，如果是委托人根据观测到的行动结果来奖惩代理人，而奖惩的标准依据是事先可以显示出来并且很容易测度的，如企业管理中的经营业绩等，这样的激励机制为"显性激励机制"；其二，如果选用除了显性激励机制以外的其他激励方式，则为"隐性激励机制"，这里的隐性激励就是指充分利用企业内外的各种资源，最大限度地满足企业人员的各种需要，以调动其积极性，如声誉（荣誉）激励机制、竞争性市场的激励作用机制以及企业文化的激励作用机制等。

2.2 理论基础

2.2.1 契约理论

现代企业理论的一个核心观点将企业看作是一系列契约的有机组合，主张企业是人们交易产权的一种方式。该理论由科斯首创，并在其后陆续研究发展出了"完全契约理论"和"不完全契约理论"两条路线。该理论由阿尔钦和德姆塞茨（Alchian & Demsetz, 1972）[161]、罗斯（Ross,

1973）[127]、约翰逊和梅克林（Jenson & Meckling, 1976）[48]、格罗斯曼和哈特（Grossman & Hart, 1983）[162]以及张五常（1983）[96]等学者完善并发展。完全契约理论认为：在企业缔约双方（投资人与经营者）都是有理性的个人且缔约和履约的环境都是完全竞争的市场的环境下，双方能够充分预见契约期间所有发生的对于契约各方来说比较重要的事件，并且能够用清晰的语言准确描述这些事件；它能够针对每一个可能发生的偶发事件规定缔约各方应该采取的行动；它能够使缔约双方遵守签订的条款。而以奥利弗威廉姆森（Oliver Willamson）和哈特（Oliver Hart）等为代表的经济学家的在猛烈批评完全契约理论基于对当事人完全理性和完全契约的假设的基础上提出"不完全契约理论"即认为：由于契约双方当事人的有限理性，且企业绩效的组成部分和衡量绩效的标准很难准确界定，并且存在信息不对称的问题：隐蔽信息和隐蔽行动，使得完全契约的假设与主张不能成立。相反，企业没有完全描述一切可能发生的事件，对权利、责任和对应方案作出明确说明和解释的契约存在。契约理论是，股东依契约获得剩余索取权，管理者则依约取得管理报酬权，债权人是契约规定合同索取权的享有人，而职工则由于其劳动力之付出依约获取劳动报酬权的一种经济理论机制。

2.2.2 委托代理理论

委托代理理论是现代制度经济学契约理论的一个重要分支，其是在现代职业分工、专业化和产权细化的基础上，尤其是现代公司两权分离的背景下，由一个或多个行为主体作为委托人通过明示或隐含的契约，指定另外一些主体（常常是具有专业、能力、时间、地域或精力上的特长）作为代理人为其提供特定的服务，委托人同时授予代理人一定的决策权利，并由委托人根据代理所提供服务的数量和质量提供一定数额的报酬的一种制度。

第二章 相关概念及理论基础

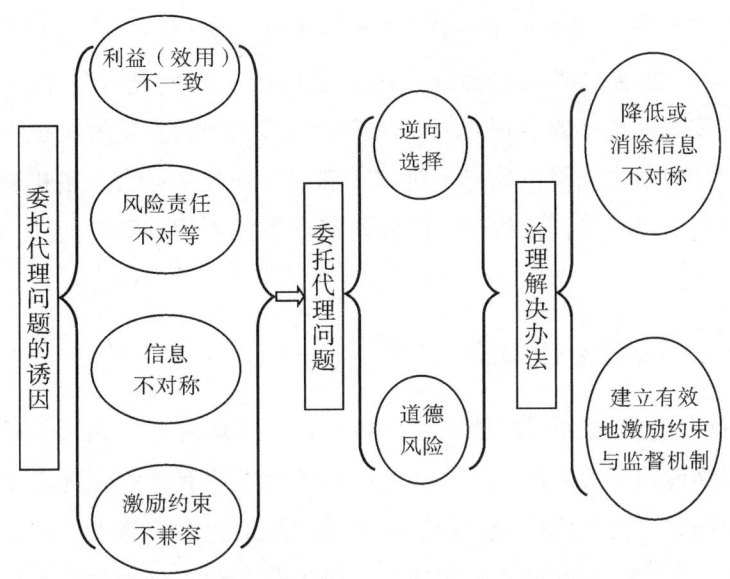

图 2-1 委托代理问题的诱因、表现与解决办法示意图

委托代理理论是现代 20 世纪 60 年代末 70 年代初由罗斯（Ross. S, 1973）[127]以及詹森和迈克林（Jeson & Meckling, 1976）[61]等经济学家最早研究，并随后有一系著名经济学者参与的一种以深入研究企业内部信息不对称和激励问题为核心发展起来的一种公司治理相关的重要理论。委托代理关系下最容易产生的问题就是代理人基于自身对企业经营权的掌控，基于自身的信息不对称优势所可能导致的损害委托人利益的道德风险与逆向选择的问题。进一步，委托代理问题的核心是研究在委托人与代理人之间的利益效用需求可能存在不一致，两者所持有的信息不对称的条件下，委托人如何设计方案激励代理人更好地为了委托人的利益服务，在追求委托人利益最大化的过程中实现代理人个人效用需求的过程。

综合国内外的相关文献研究成果，笔者整理后主张导致委托代理问题的研究后有如下发现：委托代理理论经过阿卡洛夫、斯宾塞、哈特、青木昌彦等学者的扩展与深入研究之后，委托代理问题已经由过去的"效用不一致""风险责任不一致"与"信息不对称"三原因说扩展到对委托代理问题存在"利益(效用)不一致""风险责任不对等""信息不对称"与"激励约束不兼容"四大根源以及由此造成的"逆向选择"和"道德风险"两大委托代理问题表现之上。而传统委托代理的问题解决也就日益集中到了"如何解决与降低信息不对称"和"如何建立一套激励机制和监督机制来减少代理问题,让代理人的行动符合委托人的利益"之上(如图2-1所示)。

2.2.3 公司治理理论

Oliver Hart 在《公司治理理论与启示》一文认为当下述任一条件发生时,公司治理问题便会产生。具体为:组织存在所有者和代理者矛盾的委托代理问题和该委托代理问题能够通过契约约束的方式解决。[163]公司治理理论的核心诉求是帮助投资者实现利益最大化,在实际中常常被应用于解决组织相关的委托代理问题。具体而言,公司治理理论主要包括"利益相关者理论""金融市场论"和"市场短视理论",以下分别予以说明。

1. 利益相关者理论

利益相关者理论认为企业不仅应对股东负责,也应承担相应的社会责任。该理论存在两种主流的观点,其一是认为公司应在秉持公司和股东利益最大化的前提下主动承担社会责任,履行社会义务。公司的总体效益会因为这样的决策行为而受益,更有利于股东利益最大化目标的实现;第二种观点认为,企业存属于社会中,公司不仅应对股东负责更要为社会履行相应的责任和义务,股东利益和企业目标之间往往会存在不一致的现象,因此企业应以更为宏观的战略视角制定相关的决策,以便满足更多利益相关者的利益,以实现企业社会效益最大化的目标。

2. 金融市场论

金融市场论假设外部市场有效,能自发地通过市场力量有效地解决代理问题。代理人的利益和企业的效益息息相关,当企业在市场中表现不佳时,企业会面临裁员、被收购,甚至是破产的风险,作为代理人其个人的利益也会受到损害，因此代理人一定会以企业效益最大化为经营目标。

但在实际运行中，针对国有企业出现的低效、委托人和代理人目标不一致等存在的问题，金融市场理论不能产生显著的影响。原因在于，在国有企业中企业的所有权是全体公民，在实际中被模糊化和抽象化为"国家"的概念，委托人对代理人的影响有限，不一定能对企业经营活动形成有效的、全面的监督，从而国有企业的委托代理问题不能因为市场的自发调节作用而得以有效解决。

3. 市场短视理论

市场短视理论观点认为资本的流动性和短期收益的可预见性造成了市场短视的现象。在上市公司中，相当数量的股票被短期持有，企业短期内盈利能力和经营表现决定了短期投资行为的收益，因此企业的长期决策往往会受到市场短视的影响，造成企业长期利益受损。

2.2.4 激励理论

在我国，国家作为"委托人"对代理人的约束和激励手段不到位。我国国有企业委托代理问题产生的主要原因可以概括为：委托代理双方因经济地位不一致导致的利益诉求不同、委托人和代理人之间信息不对称、委托代理双方责任与风险不对称等。因此，激励机制的设计理念就是针对存在现象的原因，协调双方的利益目标，尽可能降低信息不对称现象和该现象的影响，公平责任与风险。以下是对国内外主要的激励理论的归纳。

1. 中国现代激励机制思想

张维迎认为，对于一个企业来说，人力资本所有者可以分成负责经营决策的人力资本所有者（简称为"经营者"）和负责执行决策的人力资本的所有者（简称为"生产者"）。改革的当务之急是尽快建立一种稳定的制度，以保证经理激励的一致性和持续性。但是激励机制主要取决于产权和所有制结构，因此为了解决经理激励的持续性和稳定性问题，就必须给予经理相应的（至少是部分的）剩余索取权和控制权，最终国有企业的改革仍然要归结到所有制改革上来[173]。

吴敏琏主张，国有企业的管理者本身也是稀缺的人力资源，为了使得激励达到效果，促使其能够为委托人的利益做出最优的经营决策，可以采用利益共享的方式，例如股权激励等，将代理人的收益和企业的经营效益相关联。

魏杰认为，在企业中，激励机制是为了保证代理人的权益，约束机制目的则在于防止损害委托人利益。具体的激励机制包括：地位和权利的激励、企业文化的激励、经济激励机制。约束机制包括：内部制度约束和外部监督约束。

2. 西方现代激励机制思想

西方的激励机制，建立在人性假设的基础上，认为人的需求是多样化的，需求会随着外部环境的差异而改变。针对需求本身，其理论认为不同的人会产生不同层次的需求，需求具有复杂性。因此激励机制的构建是针对行为学研究下的内容激励与过程激励，具体的激励理论如下。

（1）马斯洛需求层次理论

马斯洛将人的需求划分为五个层次，分别是生理需要、安全需要、被承认的需要、尊重的需要以及自我实现的需要。需要是递进式的，一个人低层次的需要优先于高层次的需要，只有当一种层次的需要得到了满足的时候才会引发下一层次的需要。马斯洛认为对于一个人而言，需要是支配其行为的决定因素，激励就是满足不同人具体需要的过程，因此在激励策略的制定时，必须要以满足人的核心需要为出发点和落脚点。[164]

（2）赫尔伯格的双因素理论

双因素理论起源于20世纪50年代的美国，由赫兹伯格提出。双因素理论强调一些工作因素能导致满意感，而另外一些则只能防止产生不满意感。人对工作的满意感或不满意感并非存在于单一的情绪中，一个人可以同时感到满意和不满意。因此，赫兹伯格将影响满意感的要素分为两种。第一类因素是激励因素，包括工作本身、认可、成就和责任，这些因素涉及对工作的积极感情，又和工作本身的内容有关。这些积极感情和个人过去的成就，被人认可以及担负过的责任有关，它们的基础在于工作环境中持久的而不是短暂的成就。第二类因素是保健因素，包括公司政策和管理、技术监督、薪水、工作条件以及人际关系等。这些因素涉及工作的消极因素，也与工作的氛围和环境有关。也就是说，对工作本身而言，这些因素是外在的，而激励因素是内在的，或者说是与工作相联系的内在因素。

（3）斯金纳强化理论

强化理论是由美国的心理学家和行为科学家斯金纳提出的，他认为人或动物为了达到某种目的，会采取一定的行为作用于环境。当这种行为的后果对他有利时，这种行为就会在以后重复出现。反观不利时，这种行为就减弱或消失。人们可以用这种正强化或负强化的办法来影响行为的后果，从而修正其行为。强化指的是对一种行为的肯定或否定的后果（报酬或惩罚），它至少在一定程度上会决定这种行为在今后是否会重复发生。根据强化的性质和目的可把强化分为正强化和负强化。

（4）弗鲁姆期望理论

期望理论认为，人能从事一项工作并完成该工作的既定目标，原因在于这些工作本身会帮助自身达到某种目标，即满足自身的某种需要。人们工作的积极性是由目标价值（效价）和期望回报共同决定的。只有人们所从事的行为能给自己带来能被预期到且能接受的结果时，人们才会去从事这样的工作。[202]

2.3 本章小节

本章对国有企业、机会主义、委托代理、复杂委托代理、激励与约束机制等进行了学术上的探讨分析及界定。明晰了研究的边界、研究内容与重点，其中机会主义行为是本书研究的核心问题，国有企业是我们研究的对象限定，委托代理是机会主义行为产生的背景及基础，激励与约束机制是解决国有企业委托代理经营中的机会主义问题的最终方法。通过对国有企业委托代理经营中机会主义与治理可能涉及的各种理论，进一步地梳理了包括契约理论、委托代理理论、公司治理理论及激励理论在内的有关国有企业委托代理经营及机会主义行为的相关理论，为本书的后续研究提供了理论基础与研究工具。

第三章

国有企业机会主义行为表现与原因分析

由于"国家"作为一个统一的政治实体概念，本身是无法对企业行使任何特殊性权利，只能委托其他机构组织完成，所以在国有企业中表现出来的机会主义行为的形式均在委托代理关系下形成的。本书在此处研究国有企业中的机会主义行为，即在委托代理关系下国企的机会主义表现形式。本章内容首先从经济学的"机会主义"和"利己主义"为出发点，探讨国有企业经营中机会主义行为产生的理论根源，其次对我国国有企业经营中存在着的机会主义行为进行现状刻画和分类总结，最后结合我国特殊的政治制度和经济背景，以委托代理形式的差别为连接点分析我国国有企业机会主义行为产生的原因。

3.1 国有企业机会主义行为的常见表现

3.1.1 机会主义行为的经济学阐释

首先，从"机会主义"经济学概念的首倡人威廉·姆森有关"人们在经济活动中总是尽最大能力保护和增加自己的利益。自私且不惜损人，只要有机会，就会损人利己"[3]的机会主义描述中，我们可以发现：机会主义的核心特征表现是：为了"自利"而不惜采取"损人"的手段，即机会主义行为从表现上一定是同时具有"利己性"和"损人性"的特征。而通过安德森（Anderson，1988）[6]将机会主义行为定义为靠狡诈来寻求自我利益的投机性行为的描述，我们还可以发现机会主义行为具有的另一个特性"投机性"。

其次，基于"经济人"假设，任何一个机会主义行为的受害者（以下简称相对人）都不会愿意接受这种对自身不利的损害结果。所以，机会主义行为的执行人（以下简称行为人）要想实施这些"损害相对人利益而有利于自利益谋取"的行为，除了采取暴力胁迫等强制性手段以外，只有采取"欺骗、误导、混淆、偷懒"等，这些能够利用行为人自身所拥有的信息和其他优势，影响并扭曲相对人意愿的一种"非暴力性"手段。因为只有利用行为人所拥有的这些信息优势，才足以使相对人基于错误的"信息"或"信息的不足"而"被欺骗、被误导、被混淆、被偷工减料"，并最终导致相对人自身利益因为被行为人窃取而受损。机会主义行为人的这种利用非暴力的手段，利用自身的信息或其他优势，来影响扭曲相对人的决策，并达到"损人（相对人）利己（行为人）"目的的行为就是机会主义行为。故而，机会主义行为表现的特征还具备"非暴力性"和行为人具有"信息优势"的特点。

结合前两者，这也是为什么威廉姆森最早将机会主义行为进一步地简化为"背信弃义、欺骗、狡诈的自利寻求"[3]，而百度词条将"机会主义"解释为："在经济学上，这一概念被广泛地用于分析交易成本问题，是指在信息不对称的情况下人们利用自己所掌握的信息优势，不去如实披露信息以及从事其他损人利己的行为"的原因所在。

最后，还需注意的是：在注重探究"机会主义"的经济学概念时，我们不应忘记作为"机会主义"这一名词概念本源的政治学含义。维基百科所描述的机会主义概念是"具有投机性和短视性的，为了一己或一时之私放弃长期利益、根本原则的行为"。① 该概念显示出，机会主义行为在主观上具有的"投机性"与"追求个体利益的短期性"的特征。虽然经济学家在"机会主义"的定义中并未强调"追求个体利益的短期性"，但事实上经济上所有的机会主义行为从形式上分析仍然具备这两性的特点，所以"投机性"与"追求个体利益的短期性"（或称个人短视性）无疑也是"机会主义行为"的核心特征表现之一。

综上所述，结合前述国内外机会主义表现形式的整体分析，"机会主义"从整体表现上看，一定具有"损人利己"的特性，其实施中一定采取了"欺骗""背信弃义""违反义务"等影响交易相对人的意思自治，同时不利于交易相对人利益的非暴力手段，其具备：行为人的"自利性""损人性""非暴力性""投机性"以及"追求个体利益的短期性（个人短视性）"的综合特点，而所有的机会主义行为在实施过程中都应具备这些特点。

3.1.2 国有企业机会主义行为的表现形式

关于国有企业机会主义行为的实施方式，许多学者都在其论文中以列举的方式加以明确，详见表3-1。

表3-1 国有企业机会主义行为实施方式的各国研究

文献作者和发表时间	关于机会主义的实施方式的列举
乔治约翰 （J. George，1984）[8]	扣留或歪曲信息、偷懒、不履行承诺或义务

---

① 维基百科将"机会主义"定义为：一种来源于政治学但广泛应用于交易成本经济学的一个概念，指不惜任何代价或抓住任何时机提升某个团体或个人的政治影响力；或在现实环境中抛弃某些重要的政治原则以提升政治权力或影响；或一种追求更大的政治资本的政治思潮或倾向，而不是通过有原则的政治立场或政治见解真正赢得人民的支持之行为。引自唐雪松. 基于控股股东机会主义的控制权转移研究［M］. 北京：经济科学出版社，2011：5.

续表

文献作者和发表时间	关于机会主义的实施方式的列举
威廉姆森 （Williamson，1985）[3]	撒谎、偷窃、欺骗、有算计的误导，歪曲、伪装、扰乱或者其他迷惑人的行为
安德森 （Anderson，1988）[6]	隐瞒、欺骗、违背契约、窃取数据以给他人造成误导和困惑的行为
罗亚东 （Yadong luo，2006）	欺骗、侵占、盗窃、勾结、贿赂、逃避义务、单方终止协议、隐藏资源、终止口头协定等
霍金斯和克尼佩尔等 （Hawkins T，Knipper M G，Strutton D，2009）[10]	欺骗、逃避责任、违约、虚假承诺、隐瞒信息、误导等
杨瑞龙（1995）[145]	代理人在经营中的偷懒、渎职，以及与生产者"合谋"以共同对付委托人，导致国有资产大量流失，监督者利用手中的廉价投票权为自己谋利益，以"创租"或者"寻租"的方式与代理人"合谋"共同截留或侵占本应归属国家的剩余

综上，目前国内外公认的机会主义行为的表现形式包括以下几种：

1. 偷懒

"偷懒"是一种在国有企业中常见的机会主义行为。张正军（1998）将偷懒定义为"指一体化组织成员预期到其行为结果与自己的私人利益缺乏直接联系情况下对自己能力发挥实施隐蔽性保留的行为……"[165]。在公司治理中，代理人的"偷懒"行为就是指在委托人与代理人的具体利益可能存在不一致（效用不一致）的情况下，代理人为了追求其个人利益的最大化，利用其自身较委托人存在的"信息不对称优势"，对自己的能力发挥进行隐蔽性保留。即通过减少对企业的经营管理的工作投入的行为方式，来实现提升其相对固定的代理薪酬所占的投入与产出比，扩大代理人自身"实质薪酬"收获的目的，如减少个人的工作努力支出与减低个人的尽职程度等方式。"偷懒"的结果必然是企业（委托人）的利益受损，因为"偷懒者"对自身能力发挥的保留必然会使得其所经营管理的企业的绩效受到影响，使得委托人本来可能预期得到的所有者收益会由于代理人的

"偷懒"行为而人为减少甚至无法获得。

在企业经营管理的实践中,代理人的"偷懒"行为的表现形式多样,通常有:①代理人减少工作时间,调低工作任务与预算指标,削减自身的工作任务内容,逃避代理人的法定与约定义务,如不及时向委托人进行代理工作汇报等。②代理人采取包括降低工作强度、拖延工作时间或减低劳动效率等"出工不出力"的办法,这在我国又被俗称为"磨洋工"。③在国有企业中,偷懒还有几种更新的表现形式,如国企经理人因循守旧,按部就班地走过场,不进行任何创新或其他带风险性的投资。④国有企业经理人为了不承担或少承担风险,打着集体领导集体决策的幌子,放弃自身的临机决策权,而是万事万议,久议不绝,最终把有条件完成的决策给拖黄了,也就不会再承担相关的决策风险和领导责任了等。需要指出的是,最后两种我国的"偷懒"情况在国企经理人任期即将届满时,表现得特别突出。

"偷懒"行为的目的是为了追求行为者(代理人)个人的自身利益(效用)的增长,利用代理自身针对委托人所拥有的信息不对称优势,在委托人难以监测与监管代理人对企业的具体经营活动与努力程度的条件上,所采取的一种以损害委托人利害为代价而追求代理人个人效用(效用相对增长)的行为,其本身还具有投机性和非暴力性的特点,是一种典型的"损人利己"的机会主义行为。

2. 隐瞒和欺骗

"欺骗"(cheating)是指用不诚实的手段来找到摆脱困境的简单方法。它通常被用来打破规则以在竞争的情况下获得不公平的优势。德班和卡尼(Darby & Karni, 1973)撰文中将"欺骗"(fraud)定义为:"当一个代理人歪曲了他所掌握的信息,以便说服他人(委托人)来选择。如果委托人掌握了适当的信息后就不会选择该行动时,这个代理人就被认为是已经进行了欺骗。"[166]

必须注意的是,"欺骗"往往是以"隐瞒"为前提的,而"隐瞒"一定是以信息不对称的存在为必要条件的。因为如果行为人与相对人信息掌握相同，作为理性经济人是不可能对损害自身利益而有利于行为人的行为听之任之，不持异议的。代理人在隐瞒企业真实经营信息的基础上，向委托人提供片面、不实甚至是虚假伪造的信息，以诱使委托人做出掌握真实全面的信息时所不会做出的决策就构成了欺骗。

在企业经营管理的实践中，代理人的隐瞒与欺骗行为的表现形式多样，且经常联合出现。包括：①隐瞒企业真实的经营状况与财务数据，如报喜不报忧，扩大业绩，隐瞒由于自身经营管理不力导致企业出现亏损的信息，而骗取委托人继续对代理人的经理人职位任命和薪酬给予，通过虚构或人为扩大盈利信息等方式骗取高额的奖励薪酬等。②隐瞒企业的真实的需求，如为了建构"企业帝国"而扩大企业投资的需求，扩大未来的投资盈利率，故意忽视未来投资的风险以骗取委托人的投资授权或投资计划核准等。③通过伪造与捏造经营开支项目，虚假资产购置与折旧等方式侵吞、私分委托人（企业）的资产等。在我国国有企业经营中，这种隐瞒和欺骗还可能是为了谋取政治利益或者为了避免政治损失。④为了获得升职的机会虚构企业的盈利事实，或通过与财务人员合谋"做账"向上级部门汇报不实的经营信息，以显示政绩。⑤为了应付领导检查，大搞面子工程，投入巨资进行那些华而不实，难以维持长久的企业内部环境美化建设等。⑥为了保住自身的"职位（官位）"，避免承担相应的领导责任，掩盖当期已经发生的重大责任事故和人员伤亡损失，或者将重大的投资失败与损失，特别是将呆坏账以应收账款的方式隐瞒下来等。

从机会主义行为的特征来分析，隐瞒与欺骗仍然是行为人为追求自身利益（效用）的最大化，而从事的一种损害委托人利益的具有明显的投机性和非暴力性特点的机会主义行为。其与偷懒相比，在行为特征上的最大差别是其充分利用自身针对委托人所掌握的信息不对称优势，以主动隐瞒、捏造给委托人提供的信息的方法，剥夺本应归属于委托人的利益归代理人自己所有。所以归类而言其仍然是一种"损人利己"的机会主义行为。

3. 混淆与误导

混淆是指行为人（代理人）利用自身的信息不对称优势，故意有选择地向委托人提供自相矛盾的信息，诱使委托人产生迷惑与困扰，进而诱导委托人做出错误的，"损己（委托人）利人（代理人）"的决策行为。

在企业的经营管理中，执行"混淆"行为的代理人本身并未向委托人隐瞒或捏造新的信息。而是利用代理人对委托人的信息不对称优势，有选择地将一些内容冲突，导致委托人产生困扰与迷惑，导致委托人对企业经营状况与相关决策出现认识边界"模糊"，导致委托人难以自我做出独立的有效判断与决策，而最终使得委托人被诱导为依靠代理人决策建议的一种行为状态。

"混淆"行为表现形态包括：①利用自身的"财务"专业知识与信息掌握的优势，以"未来潜在收益率"替代"当期成本收益率"，以"应收账款"的概念来替代实际已经清收无望的"呆坏账"概念；以简易净现值（NPV）替代经济增加值（EVA）的概念进行预算（陈艳娇，郑石桥等，2011）① 等方式使委托人不能清晰明确地了解企业的经营状况，进而也就无法准确判断企业经理人努力与称职程度等，可能影响其是否续聘经理人和支付薪酬奖励的标准等。②故意混淆自身身份与逃避责任义务，如为国有房地产开发项目配套的物业公司，故意混淆其本身应是业主或业主委员会的雇员（仆人）的身份，而是以领导者、决策者（主子）的身份自居，为小区居民随意设置限制居民自由、自主的制度。③故意混淆或歪曲主管上级委托人或领导的指示或意思，故意按照"断章取义"的方式，执行最

---

① 从一个项目的整个生命周期来看，贴现经济增加值等于项目的净现值，而简易净现值（NPV）和经济增加值（EVA）都体现了追求股东财富最大化的目标。但是现实中，用简易净现值法虽然有利于当期是否适合投资简单决策（净现值大于零即可采纳投资），但是其没有反映项目投资后的现金流量需求，因而也就难以如经济增加值（EVA）那般有利于如实评价经理人的工作业绩情况。参见陈艳娇，郑石桥. 环境不确定性、机会主义和资本预算实证研究 [M]. 北京：经济科学出版社，2011：43.

有利于己，却不利于人（企）的决议等。

从机会主义行为的特征来分析，"混淆与误导"行为建立在其行为者拥有信息不对称优势。与欺骗行为不同，混淆行为是利用委托人的专业知识与信息掌握上的缺陷，以有选择的、故意给委托人提供的相互矛盾或容易使委托人的产生迷惑或方式，以误导委托人产生错误的认识和决策，将本来不应支付的支出或委托继续提供给不尽职经理人（代理人）的过程，其同样具有明显的投机性和非暴力性特点，亦是一种"损人利己"的机会主义行为。

4. 背信弃义（违反义务）

背信弃义是指代理人违反法律规定或违背委托人之间的契约约定的义务。其中的"义"指的是义务，这个义务既可以是由法律直接规定的"法定义务"，也可以是委托人与代理人之间的"委托契约"所规定的义务。

企业经营实践中，经理人作为代理人"背信弃义"的表现主要包括：①违反法定义务的"不履责"行为，如：不如实向委托人汇报企业的经营状况，违反法定义务进行自己代理（作为企业代理人将自己所代理掌握控制权的企业资产卖给个人）或双方代理（同时提供交易双方的代理人，而由自己一人决定交易如何进行的方式）等，都属于背信弃义的行为。②违反约定义务的"不履责"行为，如不按照委托契约规定的内容管理企业，超越委托人授权的权限违规决策，或不履行本身职权范围内的决策事项而是以请示为名简单地推给"上级"（委托人），不按照契约规定的时限积极及时地向委托人反映企业的经营信息，而是采取拖延、应付的方式等。③违反公序良俗的"不履责"行为，如终止不成文的向相对人的口头承诺；隐藏另一方所需要的关键资源；（在另一方需要而本方又有能力时）冷漠对待缔约方或联合实体正在遭受痛苦，不管不问等（Yaodong Luo, 2006）[9]。④向职工"背信弃义"，如违背自身就职或竞选时的承诺，取消答应给职工的福利。⑤违背正常的企业内部人员选聘择优规则，不是任人唯贤，而是任人唯亲，压制、打击与自己不和的其他同志，剥夺其升迁进步机会等。

5. 浪费与滥用

"浪费"是指有意无意地扩大无效率的成本支出或费用支付的行为。"滥用"往往是指过度使用手中的权力或资源,或者采取不必要的竞争性手段,损害市场交易规则或企业内部的正常运作规则,损害企业利益的行为。在公司治理中,浪费最常表现为代理人扩大不必要的"在职消费之上",滥用最常见的表现是进行过度的权力使用。从本质上看,浪费是指对掌握企业控制权和办公经费的人,滥用其中的经费使用权的行为,所以其本质上就是一种"滥用",同样"滥用职权"本质上也可以看作是一种对"权力"和"资源"的浪费。

在企业的委托代理经营中,代理人的收入主要来源于两个部分,一部分是委托人所提供给代理人(经理人)的固定薪酬,该部分只要委托人仍然维持给代理人的授权委托和经理的职位授予,就应当足额支付给代理人,另一部分则源自委托人许诺提供给代理人的奖励薪酬,这部分将根据代理人的经营业绩(企业盈利)来确定,其本身存在着不固定性和一定的风险性。在企业的经营过程中,事实上作为代理人的经理人的收入除了前述固定薪酬和奖励薪酬以外,还包括代理人在企业中获得的各项显性和隐性的福利(如办公、交通条件、外出工作用餐或住宿标准等)。如果说前列的"偷懒"是指代理人通过减少自身的管理工作"支出"来提升自身"收入"获取比率的话,那么企业管理者通过利用自身职权扩大不必要的"在职消费"(Borrough & Helyar, 1990)[167]以满足其个人高消费需求,提升自身"福利获取",这实际上变相提升自身的"实际薪酬"获取总量与比率。与代理人所能获得的"福利总量"相比,其所支付给相关办公设备供应商、酒店、汽车销售商的成本要远远高于代理人的收益,这种企业成本的外部性也会导致企业的整体绩效下降和委托人的利益受损,这是另一种公司治理中典型的代理人机会主义的行为表现。

在企业的经营实践中,代理人的浪费和滥用行为的主要表现形式有:

①通过不必要奢侈地办公场所建设、办公设施、设备采购（如投资盲目建设不必要的豪华办公大楼，购买进口高档实木、甚至红木家具）等加大企业的日常固定资产投资以为自己谋取更好的办公条件与环境。②加大企业经理人及其下属中层管理者的日常交通、午餐、差旅住宿标准等日常费用支出，甚至达到奢侈性支付的程度来为自己谋取更好的日常生活福利（如出必奔驰、宝马，住必五星级酒店豪华套房，食必山珍海味，生猛海鲜等）。③进行其他的不必要滥用性支出，如打着承担企业社会责任的幌子，行追星之实，进行过度捐献与捐赠；打着提高企业职工福利的旗帜而过度滥发奖金、提取各类养老金和公积金等。④浪费个人职位造成企业人员冗余（在其位不谋其政，而同时又眷恋权位不去，阻碍其下级有能力者的上升通道）。⑤浪费国家给的优厚政策和企业的特殊发展机遇等等。

6. 搭便车

搭便车是指"不付成本而坐享他人之利"（Olson，1965）[168]在公共选择中常用到的一个机会主义行为表现的名词。在国有企业经营中，搭便车指在公共产品或公共服务的生产或消耗中，行为人不愿意支付成本，只想"随大流"，平白享受正外部性收益，而最终导致大家都互相等待、推诿，最终导致"市场失灵"。公共产品或服务因无人生产或产量不足不能满足社会和企业自身的需求等。

搭便车在国有企业中亦常有反映，如①企业不积极进行自身技术研发，而指望着免费窃取和使用（山寨）他人的成果；②不投入资金进行相应的技术改造，而是等待未来国家统一拨款升级改造；③不进行环境保护、职工福利方面的投入，不履行企业的社会责任，而是坐享其成地占有他人行动的正外部性等，这些都是我国国有企业经营中经常遇到的问题。还需提示的是：这些搭便车的情况，在企业经理人任期行将届满时，表现的往往特别突出。

7. 敲竹杠

敲竹杠（hold up）是指利用他人的短处或不利地位，找借口索取他人财物或抬高价格,以借机从中渔利的一种讹诈性行为。经济学中,以克莱因(1978)[169]通过研究"费雪车身公司与通用汽车公司纠纷案例"证明了资产专用性容易诱发"敲竹杠"行为的发生。以至于后来经济学者将"敲竹杠"一词定义为"一方利用交易伙伴已经做出了专用性投资并且治理交易关系的契约是不完全的这一事实,来侵占来自关系专用性投资的准租金"[170]的行为。

与费雪—通用汽车案例中由于资产专用性所导致的不同企业合作商之间的"敲竹杠"行为不同,在企业内部的生产经营中,也可能由于"资产的专用性"导致在公司运营中产生"敲竹杠"的机会主义行为。例如,其表现为:企业经理人作为代理人利用与委托人之间合同的不完全性,以及自身所具有信息不对称优势,故意引诱投资人先期进行巨额的资金投入,形成类似的专用性资产,进而要求投资人必须进行后续的巨额资金追加投入以避免陷入前列投资人的前期投入"打水漂"之虞;企业经理人员利用本企业职工或特定技术人员只掌握适应本企业应用的技能与技术的特点,不具备市场竞争力的优势,故意强化职工的劳动强度,降低其收入水平,敲职工的"竹杠"等。

8. 合谋与寻租、创租

在现代制度经济学中,合谋主要是作为一种非正当行为来界定的,蒂罗尔(Tirole,1986)将合谋定义为一种"基于个人利益最大化目标下的两个或两个以上的经济主体相互勾结,损害第三方利益的一种非正当行为"[171],而在企业委托代理关系中,维拉德森(Villadsen,2002)则将合谋行为解释为"是指监督者与代理人为获得高于预期效用的收益而协商一致,共同选择委托人所期望的行动集之外的行动方案的行为"[172]。在经济学和市场竞争研究中,合谋发生在行业内的竞争对手公司合作,为了共同的利益。合谋最常发生在寡头垄断的市场结构中,少数公司串通的决定会对整个市场产生重大影响。

在企业的经营实践中,合谋经常发生在委托人与代理人之间,代理人与代理人之间，经理人与下级雇员之间。其表现形式多样，如：①在多重委托代理中，次级委托人与其本级代理人之间达成合谋合议，共同串谋损害上级委托人的利益，如骗取投资，谎报利润与亏损，侵吞、私分企业资产等。②企业经理人与其所聘任的财务人员合谋，伪造财务数据，虚构利润或亏损，虚报折旧与呆坏账等方式骗取委托人的奖励薪酬、侵占与私分企业（委托人）资产等。

必须指出的是，正如前面介绍中杨瑞龙（1995）[34]在撰文分析国有企业机会主义形式时专门多次提到"合谋"，合谋行为在国有企业中大量体现，是因为国有企业的权力属于国家（全民），与每个具体的委托人或代理人无关，国企的损失与风险也大都不需行为人承担，这就为国有企业的委托人或外部监管人与经理人合谋寻租、创租，窃取国家财富或剩余创造了条件。这样的例子，在我国有很多。

9. 短期行为

短期行为是与企业的长期利益相冲突的一个概念，在企业的经营管理中是指企业代理人为了追求其个人利益（效用）的最大化，不顾委托人与企业的长期发展目标与未来利益获取而是采取一种具有"临时性""非长久性""具有破坏性"的行为与决策。短期行为是以损害委托人（企业）的长远利益有代价，追求代理人的个人短期利益获取的一种典型的机会主义行为。

短期行为在企业的经营中的主要表现有：①竭泽而渔的破坏性资产使用（掠夺性经营[11]），是指企业经理人员在鉴于个人短期任期的基础上，为了追求自身的短期收益增长，对于委托人托付的资产进行破坏性的，竭泽而渔式的使用。如不考虑企业的机器设备的日常维修、保养而是实行"连轴转""三班倒，人休机不休"等严重影响机器设备使用寿命的破坏性使用；对企业内部职工不是注意进行休息休假、提供充足的五险一金等劳动保护，而是采取人力用尽的方式"拼命压榨""加班加点"，以影响劳动者的身体健康与发展潜力的方式进行掠夺性使用。②为了满足自身短期考核的目标，放弃长远发展利益的短期性经营策略，如为了获取企业当期高利润率的指标，不对企业进行技术改进与创新研发投入，不对企业的职工进行职业技能培训以提高其未来职业技能，而都是采用"立竿见影""刀下见菜"的短期性使用策略以期获得一份漂亮的"财务报表"，或者当委托人以"市场份额"作为考核经理人的主要指标时，经理人采取降价甚至不惜低于成本价格销售打"价格战"的方式，或者进行其他大规模增加广告投入或业务员销售提成等打"广告战""营销战"的方式以获取短期内的市场份额激增的指标等所有以放弃企业未来的长远发展潜力为代价的行为。③欺上瞒下的矛盾拖延性策略，使得"泡沫"越吹越大，是指在企业的经营管理中，对于当前已经发现的问题与矛盾，不是立即想办法解决，而是采取"捂盖子""和稀泥"的方法对这些问题掩盖与拖延，甚至采取欺上瞒下的方法将问题暂时"屏蔽掉"，将相关问题与隐患留给企业未来的经营者，而不管"矛盾是否会越积越严重"，"泡沫是否会越吹越大，终将破裂，且损失会加大"，这些机会主义经理人的心态可以用上法国大革命前的法王路易十六的名言来宣示："我死以后，哪怕洪水滔天"。

3.2 国有企业机会主义行为的表现分析

根据上文中对机会主义行为产生的理论根源以及目前机会主义行为的主要表现形式，这里结合我国国有企业的制度设计以及具体国情，将我国国有企业改革发展中存在着的种种机会主义行为进行分析。具体而言，根据机会主义行为的实施后果能否直接损害行为相对人的利益，笔者将机会主义行为分为直接损害相对人利益的机会主义行为（包括：偷懒、浪费、敲竹杠、短期行为）和通过影响信息不对称状况来为行为人后续实施机会主义行为创造条件，从而间接损害机会主义行为相对人的利益（如隐瞒、欺骗、混淆与误导等）以及既可以直接损害相对人利益也可以间接影响相对人利益的机会主义行为（如背信弃义与短期行为）等三类情况。此外，由于机会主义行为具有典型的主观性特征，因而笔者结合实施机会主义行为的国有企业经营管理者主体的主观意志对该行为进行分类，将我国国有企业主在经营中存在着的机会主义行为分为消极不作为形式的机会主义行为以及积极主动的机会主义行为等类别。

3.2.1 损害相对人利益的机会主义行为

1. 直接损害相对人利益的机会主义行为

直接损害相对人利益的机会主义行为是指该行为的实施会直接导致相对人利益受损，其本身又包括使相对人的支出增长、收益减少或者收益率下降等机会主义行为，包括"偷懒、浪费与敲竹杠"等三种最常见的机会主义表现形式。具体分析，其中的"偷懒"行为是指机会主义行为者通过减少自身的契约义务支出或努力程度的方式，来减少自己的行为人的支出成本，进而使得相对人本来可以预期到的收益人为地减少；而"浪费"行为则是为了追求行为人薪酬以外的其他福利，人为地扩大相对人的成本支出的方法。其会使得相对人总收入不变的情况下，支出增加，导致实质上的收益减少，这两种方式无疑都会直接地促使相对人本来能够预期达到的收益降低、利益受损。对"敲竹杠"行为而言，由于行为人利用交易对方投资资产具有专用性的特点，在相对人必须采购行为人的特定资产或支付特定佣金，否则相对人的前期投入就可能严重贬值甚至血本无归损失殆尽的情况下，行为人"乘人之危"，不是采取措施降低生产成本、提高生产经营效率的方法，来提高行为人产品或服务的竞争力，而是利用相对人已经投入的专用性资产投资（含人力资本支付）无法转作他用或无法转聘他人的劣势，要求相对人向行为人支付较高的、不符合正常市场竞争规律的价格，这种行为当然亦会导致相对人的利益受损。

2. 间接损害相对人利益的机会主义行为

对于如隐瞒和欺骗、混淆与误导这类的机会主义行为而言，其本身并不会直接导致相对人的利益受损，但是隐瞒和欺骗，混淆和误导的对象是相对人，隐瞒和欺骗的内容是本应依法或依约如实告知或提供给相对人有关交易商品、行为人自身的信息、行为人的经营信息与经营活动及绩效等方面的信息；混淆的是企业的经营状态、经营绩效信息，或企业经营行为的目的等，通过提供相互矛盾的信息使相对人产生困惑，难以及时做出有效的决策。这些都会进一步加剧相对人针对机会主义行为的信息不对称弱势状态，为行为人后续的"偷懒、浪费、敲竹杠甚至是侵占"等直接损害相对人利益的机会主义行为提供条件。该类行为的实施最终也将间接影响到相对人的利益。需要指出的是，隐瞒和欺骗有可能与混淆是相互混杂出现的，既通过隐瞒与欺骗的手段，使当事人对相关信息产生混淆并最终达到误导相对人做出错误决策（不利于己却有利于行为人）的过程。

3. 兼具直接、间接影响相对人利益的机会主义行为

兼具直接、间接影响相对人利益的机会主义行为是指该机会主义行为根据实施的方式和对象的不同，既可以是直接影响相对人的收益，也可以是通过影响当事人之间信息不对称状态的方式来影响未来的机会主义行为的发生概率进而影响相对人的利益。例如以"合谋"为例，如果是在工程项目招投标过程中，各投标人之间通过合谋串通投标，一致抬高标价，则其直接后果就是使招标人的最终定标价被人为抬高，导致招标人的自身利益受损，这就是典型的直接影响相对人利益的合谋行为。但如果是发生在另一种情况下，如某总公司在对各下属企业实行绩效工资或超额奖励制度，而该总公司在基础绩效标准制定过程中，需要以各下属企业申报的当期劳动生产率与产量的平均值为依据时，各下属本来存在竞争的下属企业（竞争主体）之间就可能基于自身利益的考虑，通过合谋，故意联合降低各自的劳动生产率与工作产量标准，从而使得委托人制定一个有利于所有竞争主体未来"偷懒"或"取得高额奖励"的工作标准，此时各竞争主体合谋影响的对象就是企业内部的"信息提供状况"，扩大的是相对人与行为人之间的信息不对称状态，这种合谋就是间接损害相对人利益的机会主义合谋行为。其他背信弃义以及短期行为均有类似的情况，判断其对相对

人利益是直接影响还是间接影响，要根据该行为当时所针对的对象和达成的效果来具体分析。

在企业的委托代理经营过程中，正是由于存在着委托人（股东）比较代理人（经理人）存在的信息不对称弱势，导致委托人既无法监督代理人的行为，也不能完全监督代理人的经营的信息，才使得代理人有条件为了自身利益的需求而采取损害委托人利益的机会主义行为。其中，委托人不能完全了解掌握代理人的经营信息（代理人可以隐藏信息），使得机会主义成为可能，而委托人进而无法监督掌握代理人的经营行为（代理人隐藏行为），使得机会主义行为得以实现。

还需要注意的是，区分直接损害相对人利益的机会主义行为和通过影响信息不对称而间接损害相对人利益的机会主义行为是为了便于将来制定预防与惩处措施。一方面，对于直接损害相对人利益的机会主义行为，我们应该对行为本身加以限制与监管，而对于通过影响信息不对称来间接影响相对人利益的机会主义行为，我们在预防与监管机制的设计时就更多地需要考虑如何通过加强信息透明度，预防与减少信息不对称的状态等方式来对这些机会主义行为加以限制与防治。另一方面，对于直接损害相对人利益的机会主义行为，如果其损害程度能够明确计算，则基于经济学原理在未来的预防与治理措施的制定时，只要考虑如何使实施该行为的收益少于其将受到的惩处损失，通过反向惩罚与威吓的方式就可以尽量避免此类行为的发生。进一步而言，这样的办法可以计算企业所受的损害值，有利于我们衡量是否可以通过让渡一部分利益给行为人，正向激励行为人不要采取机会主义行为。对于间接影响相对人利益的机会主义行为上述方法的适用就难得多。

3.2.2 基于行为主体主观意志的机会主义行为

根据机会主义行为人实施机会主义行为时的主观状态，综合参照国外维斯尼和海德（Wathne & Heide, 2000）[11]将机会主义行为划分为故意的机会主义行为和合法的机会主义行为的分类方式，笔者进一步将故意的机会主义行为按照行为人实施这种机会主义行为的主观恶性（对企业治理的危害性和法律惩罚力度），即是通过消极的实施不作为，减少作为（包括减少信息搜集与提供等方式）来实施的机会主义行为（如：偷懒、磨洋工、隐瞒和拖延等），还是积极地主动作为的方式（包括信息捏造、误导等）来实施的机会主义行为（如：欺骗、误导、寻租与合谋、短期行为等），将机会主义行为的表现归纳为消极不作为式的机会主义行为，积极实施的机会主义行为，法律许可的机会主义行为三类。其各自内涵和表现详见表3-2。

表3-2 以行为人的主观状态与恶性对机会主义行为的形式分类分析

行为状态	行为人以消极不作为方式实施的		行为人以积极主动作为方式实施的			合法的机会主义行为
	偷懒（磨洋工）	隐瞒与拖延信息上报汇总	欺骗（伪造、捏造）	混淆和误导	合谋（寻租）	短期行为
主观状态与行为恶性	通过减少支出来扩大行为人收益。主观存在故意，但法律恶性较小，举证难，惩处力度小	故意减少依法本应向相对人提供的信息的数量、质量（及时性），主观恶性中等，举证难，惩处力度不大	通过捏造或伪造向相对人提供的信息，扩大相对人信息不对称，主观恶性大，易举证，惩罚力度大	主观上没有伪造信息但有选择地提供矛盾的信息，错误诱导相对人决策，主观恶性大，惩罚力度不大	主观上出于故意，行为人之间串通损害委托人或行为人与特定相对人（次级委托人）之间串通损害终极委托人利益，恶性很大，有恶性扩张作用，惩处严	损害相对人的长远利益与发展潜力，难以事先在合同中明确约定，也没有法律的直接规制，主观恶性一般，难以惩处

1. 消极不作为的机会主义行为

消极实施的机会主义行为，是指行为者在追求其个人利益的最大化的损人利己过程中，并不是主动地去积极实施相关损害行为（如欺骗、误导、合谋等），而是通过消极不作为的（偷懒、磨洋工、隐瞒或拖延信息提供等）方式来降低个人依据契约和法律本应履行的义务内容或履行强度，减少机会主义行为人自身的劳动和成本支出，或者强化该机会主义行为者自身针对相对人的信息优势，或者扩大相对收益水平等方式去损害机会主义行为相对人利益的行为活动。其主要表现为：

（1）消极地隐藏信息——疏漏与拖延信息提供。无论是在普通的商事交易合约中，还是在企业的委托代理经营过程中，拥有决策权的相对人能否掌握契约对手（行为人）的准确信息，都是相对人是否选择同行为人进行相应交易或授权委托的前提；这也是交易合约或委托代理契约对行为人义务的最基本要求，是相对人未来能否通过交易合约或相关委托获得预期利益的基础。反之，机会主义行为者如果违反前列的契约约定义务，采取不作为的方式将自身的相关信息故意向相对人隐瞒、疏漏或拖延汇报反馈，必将影响相对人对于交易合约或者委托事项的把握，使得相对人难以及时地做出科学决策，并会使相对人本来可以通过合约获得的利益减损乃至落空。这种行为人实施的消极地隐藏信息的行为，虽然存在着主观故意，但其毕竟没有捏造和伪造信息，所以在法律上来看主观恶性较低，被发现后的惩处也较低。

（2）消极的不作为——偷懒和磨洋工。如果说隐瞒与拖延信息提供只是间接地影响相对人的未来收益的话，偷懒和磨洋工就是指行为人以减小劳动强度和成本支出等消极的方式，直接导致相对人的利益减损。需要指出的是，偷懒更多的是强调行为人故意减少自己的劳动支出的"量"，其包括减少劳动时间，减少工作任务等；而磨洋工则是强调行为人降低劳动强度、减少单位劳动产出率或减少劳动生产效率等，使得虽然从表面上看来工作时间与工作任务并未减少，但是"出工不出力"，行为人减少劳动支出的"质"。无论是机会主义行为人采取偷懒还是磨洋工的方式，都会减少行为人的劳动支出的数量与质量使相对人受损的情况下，却使行为人自己的收益总额因为投入的减少与收益相对不变的情况下而变相增加，即意味着行为人获得了相对更高的收益效率。该类行为仍然采取的是消极不作为的方式，由于主观恶性较小，且难以举证证明，所以其一旦被发现后的法律惩处度也相对较低。

偷懒与磨洋工在生产经营与企业委托中的事例亦很常见，如某行为人原先每天为单位或相对人工作 8 小时，现在每天只工作 6 小时就是典型的减少劳动支出"量"的偷懒行为；而在同样案例背景下，行为人每天表面上仍然工作 8 小时，但是原先每小时可以生产 20 个单位的产品或产出 100 元/小时的价值创造，现在减少为每小时只能生产 12 个单位的产品或产出 60 元/小时的价值创造就是劳动支出"质"的磨洋工。

2. 积极实施的机会主义行为

积极实施的机会主义行为是指行为人违反自身的法定义务或责任，通过故意作为的积极方式（如伪造信息，欺骗相对人，甚至直接侵占相对人财产与利益等方法）去主动损害委托人或相对人的利益，谋取个人私利的行为。其主要表现在：

（1）积极地进行信息的虚构与捏造——欺骗与误导

欺骗行为的特点是机会主义行为人通过主动的伪造、捏造和篡改信息的方法，故意向相对人提供有误的信息，使相对人产生误识与误认，从而扩大行为人的信息不对称优势，蒙骗和误导相对人做出有违相对人真实意见表示的，有利于行为人却有可能对相对人有害的决策选择。同样是机会主义行为人进行针对相对人的信息扭曲，这种欺骗与误导是相对人故意主动做出的，其行为具有积极作为的特点，与前列的隐瞒与拖延信息等行为人并未主动的伪造、捏造和篡改信息，只是消极的不履行自身的信息提供义务，减少自身的信息提供数量和信息提供时间，使得相对人因为信息掌握不足而有可能难以做出准确的决策选择，在主观恶性上欺骗明显较隐瞒要大得多，所以未来法律对这种机会主义行为的惩处力度也会相应地加大。

（2）违约扩大自身的相对收益——扩大职务消费与奢侈浪费

扩大职务消费与奢侈浪费作为一种多发生在企业的委托代理经营过程中的机会主义行为，其产生本身是由于作为受托人的经理人掌握了日常具体经营管理企业的权利（即企业控制权），而由经营人决定的企业生产经营管理过程中的日常费用支出是由企业来支付的，并不算到经理人薪金劳酬中，但相关的支出所带来的福利收益却往往直接由经理人所享受。这就使得有机会主义倾向的经理人得以采取一种利用自身的职务便利，通过加大企业的对外日常办公费用支出超了必要限度方式来提高自身作为管理者的实际物质享受和福利获取，从而达到变相提高该行为人的收益水平的行为倾向，而该行为相应的结果是企业（委托人）本应获得的企业收益受损减少。该行为仍然是由行为人主动积极实施的，其主观恶性较大，也相应地容易被举证发现，所以受到的法律惩处也会比较大。

（3）积极实施其他侵害相对人利益的行为——寻租俘获与共谋

这里是指在企业中代理人为了达到侵占企业利益的目标，利用本级委托人集体利益与委托人的具体执行人个人的利益需求之间的不同，通过贿赂与俘获等方式买通上级委托人的具体执行人，通过串谋损害委托人的集体利益，甚至侵吞委托人集体财产等行为。该类行为主观恶性很大，因为寻租俘获和串谋过程会使的具有主观恶性的机会主义行为人由一方扩展引诱变成多方，对企业治理的秩序损害较大，因而其受到的法律惩处也就要大得多。

3. 违反社会公序良俗的合法机会主义行为

无论是前述消极不作为的机会主义行为还是积极实施的机会主义行为，都是行为人所故意实施的。按照维斯尼和海德（Wathne & Heide, 2000）[11]的研究还有一类合法的机会主义行为。即其并未违反法律的强制性规定，也未直接违反行为人与相对人之间的合同契约所明示规定之义务。但其事实上违反了社会大众所公认的道德准则或一般行为操守，亦即违反了社会善良道德风险（公序良俗），在追求行为人自身利益的同时，损害了相对人的利益。虽然其本身不违法，但其仍是一种机会主义行为。这种合法的机会主义行为表现为：违背的本义利用契约的漏洞谋取私利、契约到期的松绑和投资特定资产等投机行为等等，其中最为典型的就是机会主义行为人实施短期行为。具体是指机会主义行为人为了获得个人利益（效用）的最大化，利用其对企业的控制权，实施前列具有掠夺性和破坏性的短期行为，无论是对企业现有固定资产的破坏性、掠夺性使用，还是对企业人力资本的过度使用而不进行培养与恢复，都会最终损害企业财产所有者和委托人的利益。

违反公序良俗的机会主义行为虽然违背了社会大众长期以来所形成的公认道德风俗与习惯，但是由于其并没有违反法律的直接规定与契约的相应约定，因而本身并不违法，其主观恶性一般较少，所以一般不会受到法律的惩处。

需要指出的是，上述分类之所以区分为积极与消极实施的机会主义行为，其原因是为了区分行为人实施时的主观恶性，而这种主观恶性既是相应的行为对公司治理秩序危害程度高低的直接体现，也是法律对其惩处力度大小的直接依据，更是影响我们将来在机会主义行为的治理与预防措施的设置的重要依据。如对于主观恶性大的积极实施机会主义行为，我们在制度惩处与预防力度上无疑就要加强，通过"强化威吓"的手段实现预防该类机会主义行为发生，达到促进公司治理的目的。而对于主观恶性相对较小，难于举证的消极的机会主义行为，我们在制度设置上就要多用正向激励的手段，通过"利诱之"的方法促使行为人主动减少实施该类机会主义行为，但不可否认仍然需要一定的反向惩处为补充。对于合法的机会主义行为，因为法律都无法惩处，所以我们只能通过"利诱之"和"道德倡导"等方式来实现力争防范与减少该类行为的发生概率，促进公司治理实现之目的。

3.3 国有企业机会主义行为产生的原因分析

结合本书前述研究以及相关委托代理理论，在国家以委托人身份向国有企业经营者主体委托经营国有资产的机制设计中，存在着种种设计路径，而这些路径中的委托代理问题也产生了多种多样的机会主义行为，这里即结合我国国有企业委托代理关系的变现形式，对复杂委托代理关系下，我国国有企业经营中存在着的机会主义行为进行原因解析。

3.3.1 国企机会主义行为产生的一般原理

1. 国有企业机会主义行为产生的核心动因

"经济人假设"和"利己主义"的出发点是"机会主义行为"得以存在的基础，正如威廉·姆森（Williamson，1985）在分析机会主义行为的动因之时所强调的，"人们在经济活动中总是尽最大能力保护和增加自己的利益。自私且不惜损人，只要有机会，就会损人利己"[5]。机会主义行为产生的前提或者说第一原因是存在利益的引诱，更准确地说是机会主义的未来行为者和行为相对人之间存在着利益的差别。进一步而言，行为人在这种与相对人的利益存在差别之下，要想使具有"损人利己"特征的机会主义行为得到实施，被相对人（委托人）接受，还应当具备相应的现实条件，即该机会主义行为实施后是否易被发现追究，其被追究后的承担的责任是否超越了其从事机会主义行为期间的盈利等，即代理人实行机会主义行为的收益大于其实施该行为的成本支出，其中包括考虑该行为被发现的概率后所带来的损失，是判定机会主义行为能否得以实施的根本条件。尤其是最后一条，将直接决定机会主义行为是否会产生。尤其是后者能否被满足是不同委托下能否引起机会主义行为的概率的核心原因。

假设代理人的正常工资为 W_1，进行机会主义行为带来的额外收入为 $R(\lambda)$，机会主义行为被发现的概率为 p，$0<p<1$，被发现后的惩罚为 F_1，并且可能会使其丧失在国有企业的本级委托代理关系中继续担任代理人的机会。λ 表示代理人的信息不对称优势（权力），假设信息优势与权力越大，发生机会主义行为所能带来的额外收入也就越大（即 $R'(\lambda)>0$）。代理人发生违义行为的期望收益为：

$$(1-p)(W_1+R(\lambda))-p(W_1+F_1) \tag{3.1}$$

代理人尽责不发生机会主义的工资收入为W_1,因此代理人尽责不实施机会主义行为的约束条件为:

$$W_1 \geq (1-p)(W_1+R)(\lambda)-p(W_1+F_1) \tag{3.2}$$

由此可得,要想使代理人尽职尽责工作,而不去实施机会主义行为,必须满足如下条件,即:

$$W_1 \geq \frac{1-p}{2p}R-\frac{F_1}{2} \tag{3.3}$$

从(3.3)可见,代理人是否采取机会主义行为与其实施该类行为的额外收益正相关,与其被发现的概率以及发现后的F_1负相关,而其实施机会主义行为的收益又与其所掌握的信息不对称优势和其所掌握的权力正相关。伴随着p的减少,即被发现的概率越小,代理人实施机会主义行为的收益就越高,其越可能采取机会主义行为。特别是当$p=0$时,由于$W_1+R(\lambda) \geq W_1$(因为$R(\lambda)>0$),作为理性的"经济人"的代理人一定会选择"损人利己"的机会主义行为。而反之,当p逐渐增大并向1靠拢时(委托人监管越严格),由于被发现代理人机会主义行为的概率升高,带来的是机会主义行为实施所带来的直接收益$(1-p)(W_1+R(\lambda))$的减少,而被惩处损失$p(W_1+F_1)$却在不断增大,必将使理性的"经济人"从动机上打消机会主义行为的念头,减少机会主义行为的实施概率。特别是当$p=1$时,由于代理人机会主义行为的收益为负值,则代理人根本不可能从事机会主义行为。事实上,当(3.3)式成立时,理性的经济人就不会再采取机会主义行为了。同时需要注意的是,在p不变的情况下,代理人的信息不对称优势λ越大,往往意味着其权力越大,则$R(\lambda)$越大,意味着代理人的机会主义直接收益$(1-p)(W_1+R(W_1+R(\lambda))$越大,其越可能采取机会主义行为。即代理人的机会主义行为的实施与其代理人所掌握的信息不对称优势和其自身的权利状况正相关。

国有企业中,首先由于国有企业是为了解决市场失灵与实现社会公平目标而设立的,其多具有规模经济特点,这就使得国有企业投资规模与持有的资产规模远较普通企业巨大,而代理人违义行为可获得收益也相应增大,远非普通企业规模下可比。这表现在,首先,依前公式进而使得其各级代理人所掌握的信息不对称优势增加和其掌握的国有资产规模以及权力都大大增加,意味着 $R(\lambda)$ 会相应地大大增加。而与此同时,国有企业的国有投资属性、国有投资机构与国有专业投资公司的国家属性,以及历史形成我国国有薪酬及奖励机制的僵化都使得原有的代理人工资 W_1 相对有限(因为对国有资产而言,高强度的激励性报酬在政治上可能更为困难[179])。再加上国有企业的初始委托人虚置的情况以及由于多重委托代理监管不力、责任心不强等原因使得其被委托人发现的概率 p 大幅度降低。现有历史形成的法律制度对于代理人的机会主义行为的处罚力度及 F_1 又明显偏低,历史上多见的以党代罚,内部处分,损失难定等多因素导致其处罚力度不高,其导致前式中 $p(W_1+F_1)$ 减低。三者结合必然导致国有企业委托代理中的机会主义问题表现得更为严重突出。特别需要注意的是,在缺乏有效竞争的国有企业职业经理人市场的情况下,甚至有可能出现代理人的一般机会主义行为被发现后,仅被处于行政批评、警告甚至记过后仍保留其职务的情况,使得该代理人不会损失未来的工资薪酬。则原式变成代理人违义行为期望收益:

$$(1-p)(W_1+R(W_1+R(\lambda))-pF_1 \tag{3.4}$$

即代理人机会主义行为实施的收益更高,惩罚损失更低。必将进一步加大代理人违义行为的概率。

2. 其他影响因素及作用机理

国有企业是否会发生机会主义行为,除了前述的利益差别以及事后不被发现,或发现后被追究的责任较小以外,还应当满足其他一些基础性条件,例如要想使具有"损人利己"特征的机会主义行为得到实施,被相对人(委托人)接受,还应当具备:行为人的行动不能随时被相对人所监管,行为人具有一定的市场相机决策权(行为不确定性和自由裁量权)和合同并不完全;相对人(委托人)不具备了解行为人全部经营活动与经营信息，且不能事先就行为人的全部经营活动作出准确的规划与预估（信息不对称，相对人有限理性）等。

综合起来，笔者认为能够诱发机会主义行为的条件需要有以下六种："利益（效用）与偏好的不同""合同的不完备性""有限理性和行为的不确定性""信息不对称性""机会主义者自利可得性"以及"实施行为事后不被追究或少责任承担性"。而上述各个原因在诱发与促进机会主义行为的产生与实施过程中所起到的作用也是各不相同的，笔者在研究之后，认为他们之间应组成如下机会主义行为原因构成模式，如图3-1所示：

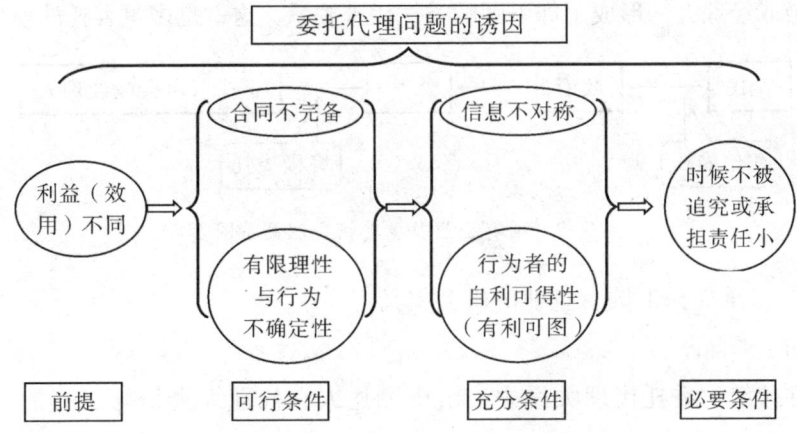

图3-1　机会主义行为的起因（条件）与作用分析图

3.3.2　多重委托代理机制下机会主义行为产生的原因

1. 多重委托代理的含义与结构模型

多重委托代理关系，是指从传统的一个委托人和一个代理所形成的单层委托代理关系，变为经过至少两级委托人层层授权，最终委托给代理人（企业经理人）的一种委托模式。如：由国家到企业的复杂委托中形成了多重委托代理模型，在该模型中，企业资产原始来源是具有虚置特性的全民（国家）作为初始委托人，授权给能够行使职权的政府，再经过层层委托授权最终交给终极代理人——董事会和企业经理人的这个多重委托代理关系之下。张维迎、吴有昌等（1995）将这一过程简化为两层委托代理链条，即"从初始委托人（全民）到国家权力中心的自下而上的授权链，以及从权力中心到最终代理人（企业内部成员）的自上而下的授权链"[144]。

事实上，我国国有企业的多重委托关系的层级，要比张维迎所形容的那种两重委托要复杂一些，多重委托代理关系的结构模型如图3-2，在这个图中，由于我国的国有企业来源于国家，而国家依照我国现行宪法和法律的规定其财产是属于全民的①，所以也就决定了我国国有企业的初始委托人是全民，再由全民依次向下委托传递直到终极代理人，即国有企业的董事会或经理人，形成了如下图的委托代理关系，这就是多重委托的模型。

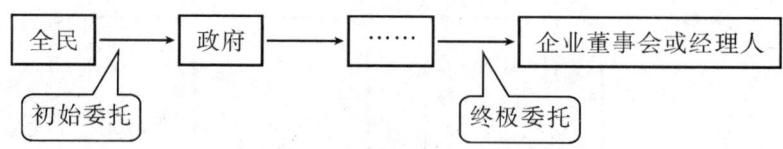

图3-2 国有企业多重委托代理关系图示

2. 多重委托下国有企业的机会主义行为

（1）"合谋"

在传统的委托代理关系中，由于委托人和代理人身份与义务的不同，这就代表着其自身法律责任与风险偏好会有所差距。依照经济学的传统解释，在一个委托代理过程中，由于代理人要负责具体经营管理企业，所以其实质上直接面对市场经营中所遇到的各种风险，因而其一般是风险厌恶的。而委托人由于仅需就投资额为限向企业承担有限责任，而且其不必直面市场经营中的各种风险，且委托人本身具有资本优势，所以导致其并不十分害怕风险，所以其应该是风险中性的。

在多重的委托代理关系中，由于代理人与委托人身份还存在着身份的相互转换性，即除了初始委托人［全民（国家）］以及终极代理人（企

---

① 我国2008年通过并颁布的《中华人民共和国企业国有资产法》第3条就明确规定："国有资产属于国家所有即全民所有。国务院代表国家行使国有资产所有权。"

业董事长或经理人）以外的任何一级的委托人又同时担任着自己上一级委托代理关系中的代理人的角色，而同样任何一级中的代理人，又具备着下一级委托代理关系中委托人的身份。这种多重委托代理关系中委托人与代理人之间的身份转换会进一步地使多重委托代理条件下当事人的这种身份义务和价值偏好产生更为复杂的变化。即中间委托人由于要向上一级承担代理人的职责，这也就意味着其需要替委托人直面本级经营风险，所以其就由风险中性者也转变成了风险厌恶者。这就使得委托人的经营决策同样像代理人一样趋于保守，而这种本级的两个当事人（委托人和代理人）之间价值取向（保守）和偏好（风险厌恶）的相同，使得他们之间更容易达成一致，联合起来，一致对付外部委托人，这就形成"合谋、串谋"这种国有企业常见的机会主义行为表现形式。

（2）创租和寻租

正如前面笔者在分析合谋与寻租之间关系时所研讨的那样，由于合谋往往会跟寻租、创租的机会主义行为结合起来，以代理人谋求委托人的合谋为例，其实质上就是代理人试图通过与占有国家权力的委托人之间达成协议的形式，占有特定的国家财产，分享使用委托人的权力，而委托人同意合谋就意味着他愿意让渡部分权力以换取自己的对价。这些就构成多重委托代理条件的寻租，甚至是创租的过程，从而使这两种机会主义行为形式同样多发。

（3）委托人机会主义（怠职与官僚主义）

在普通企业的委托代理关系中，由于企业资产所有者（股东）也就是委托人，其享有全部的企业剩余索取权，这就使得企业在依公司法行使职权时会如张维迎教授（2014）所言地做好两件事情。即首先会选择具有企业家素质的人作为企业的领导人和代理人（董事或经理），其次会监督和激励前述董事和经理最大限制为企业牟利[173]，更好地为企业创造价值。因为企业的盈利也就是委托人股东的利益（红利与股息），这就使得委托人在普通企业的委托代理关系中除了企业利益是没有个人私利的，这使得委托人也就不可能采取"偷懒""磨洋工"等减损自身义务履行的机会主义行为,因为这必将会导致委托人(股东)的自身利益受损,有违"经济人"选择和机会主义行为"损人利己"目标的实现。这也就进一步决定了在普通委托中能够采取偷懒、磨洋工等机会主义行为的只能是与企业(委托人)利益之间存在不一致,具有个人利益诉求的代理人(企业经理人)。

在国有企业中,如前所述由于企业的财产属于全民(国家所有),而国家又是一个虚拟的存在,本身没有自己的利益,也没有决策能力,尤其是在多重委托代理关系中,这就使得除了初始委托人以外的其他各级委托人不享有企业的剩余索取权或对剩余索取权的分享数额很少,这就使得各级委托人之利益与初始委托人和国有企业的整体利益之间存在较大的差异,进而使得国有企业的各级委托人亦有可能采取机会主义的行为。其中最为典型的就是委托人更容易采取的"偷懒",这里表现为国有企业的委托人既没有前述的认真选择合适的企业家来作为企业领导者和代理人(董事或经理),也没有足够的主动性积极性去认真监管与激励其所选出的代理人的经营管理行为。同时,该委托人往往还不会积极搜集有关企业经营和其授权的代理人的行为的信息,不是努力减少委托人自身的信息不对称弱势而是采取"听之任之""不管不问"等消极不作为或随性而为的行为等。在这里我将这种国有企业委托人所特有的不主动认真地履行委托人的监管职责等的"偷懒"行为称其为"怠职",这是因为在多重委托代理关系中,包括现实中常见的国务院国有资产管理机构以及国有专业投资公司在内的中间委托人,其具体事务执行人往往同时具有行政职务,其代表所在的组织机构参与国有企业的管理是其职务安排的必然要求,而非源自双方的讨论签约,而是具体事务执行人的行政职务所至,所以一旦其偷懒就会构成"怠职"。

同时,还需注意的是,由于国有企业的各级委托人(执行个人)多具有政府的行政官员或级别身份,使得其这种不认真调查研究所负责的事务,想当然地做出决策选择的行为也具有典型的"官僚主义"的特征,所以在这里，笔者将这类国有企业中委托人所实施的机会主义"偷懒"行为称为"怠职和官僚主义"，以便和代理人实施的机会主义"偷懒"行为相区别。当然，从本质上思考，在国有企业中由于除了"全民"这一初始委托人以外的各级委托人实际上还都是上一级委托代理中的代理人，所以其"怠职"行为仍属于广义的"偷懒"范畴，不过在国有投资主体虚置的情况下，国企各级委托人的"怠职"的机会主义行为较一般的普通企业的"偷懒"要难以被发现和追责得多。

(4) 攫取制度扭曲形成的红利

国有企业的设立是为了弥补市场失灵的缺陷和促进社会公平的实现，这使得国有企业与政府之间的联系非常紧密，而在多重委托代理的过程中，作为一级政府部门的国务院国有资产管理机构本身也就是一个国有企业委托代理链条中的一方委托人（代理人）。这使得国有企业包括企业经理人在内的各级代理人，有可能利用国家权力甚至立法权来完成对国有企业自身有利的特殊利益保护。这就使得国有企业具有一项任何其他普通企业都不可能具有的机会主义行为方式，即利用国家立法权去进行有利于其自身垄断权的制度设计，或者是利用法律解释权去进行制度扭曲完成有利于国有企业自身，却损害社会市场公平竞争与社会大众需求的行为。历史上我国大型国有企业外贸公司通过国家立法被授予的外贸垄断权（20世纪90年代中期以前），我国的邮电部门利用国家邮政法规规定民营快递产业只能快递邮寄500克以上的物品，以排除对邮政最重要的信件及单证快递上的竞争；中石油中石化利用国家全国统一的成品油定价制度，扭曲其解释，长期向中国消费者收取高价汽油、柴油费用，而且每逢国际油价上涨时，中石油中石化马上就打着与国际接轨的幌子对国内加油站进行成品油价的上调，而在面对国际油价下跌时，却以国内成品油降价方案需要经国有资产管理委员会审批为由拖延，甚至拒执行降价的事件等都是大型国有企业利用国家立法权为自己进行特殊制度牟利或扭曲制度的典型案例。需要指出的是，这种利用立法权与法律解释权去攫取制度红利或制度扭曲好处的机会主义行为较普通的机会主义行为危害更大,因为普通的机会主义行为只是污染了一时的水流,而前列行为则是直接污染了水源,其危害更具本质性、普遍性与长期性。

(5) 隐瞒与欺骗

伴随着多重委托代理关系下代理链条的延长,一方面会使得在其间传递的信息更容易衰减,甚至遗失,从而使得委托人代理人之间的信息不对称更加严重,进而容易为掌握信息的人进行隐瞒与欺骗等机会主义行为创造条件和便利。另一方面,如果说因为委托代理链条的延长使得信息传递时容易遗失、衰减,信息不对称是客观原因,消极造成的。那么与此同时,伴随着代理链条的延长而人为主动的造成更大的信息不对称。这表现在委托链条越长,不同当事人,特别是不相连的两个层级当事人之间的经营信息和行动信息就更不被委托人所了解,从而造成代理人就委托人更大的信息不对称优势,更容易使隐瞒、欺骗行为成为可能。

3.3.3 集体委托代理机制下机会主义行为产生的原因

集体委托是指数个委托人作为一个委托的整体对外以一个声音说话,一个委托来要求代理人执行的过程。具体在这种委托中,各个委托人在做出一个统一的决策前要先在本集体内部进行集体表决或投票选择,以少数服从多数的原则形成本集体的最终委托决议,再由代表本集体的具体事务执行人以一个整体委托人的身份完成委托事项,并要求代理人去执行该决议的过程(见图3-3)。

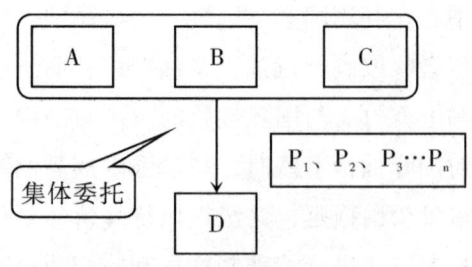

图3-3 集体委托示意图

就国有企业的多重委托代理关系而言，虽然从纵向上看其是典型的多重委托代理，但是我们需要注意的是，在多重委托代理的某一层级中，如国务院国有资产管理机构作为委托人委托国有专业投资公司来具体负责对国有企业的投资与监管过程中，无论是国有资产管理机构，还是国有专业投资公司都是一个整体的组织或部门，其在对外作出决策时往往并不是靠某一个人临时起意就能做出决策的，这些机构的具体事务执行人也不是根据自身的决策就能代表前列组织机构，做出决定，其往往要依靠其所在的组织进行集体商量、研讨甚至是表决之后才能做出决议，这就涉及了国有企业的集体委托代理关系，即在某一层级中，先由有委托权的机构内部的几个有权力主体组织通过一个集体的讨论或决策，再将这个决策以一个独立委托的形式由集体事务执行人来代表其所代表的组织完成委托事项，这就是集体委托关系。

1. 搭便车

在集体委托下，由于同样存在着前述的某个委托人机构在做出决策前需要集体讨论，甚至是投票表决的问题，这就形成了类似于公共选择的过程，而在这个公共选择的过程中，一方面各个有权投票的参与决策人都试图坐享他人之利，享有他人活动所能带来的正外部性，而不愿意支付成本。所以都表现为不愿意首先第一个出来作为先期决策参与和投入者，而这个结果是大家都在等待别人先期支付的最终结果是谁都"搭不了便车"，导致集体选择失败，市场失灵。这就是国有企业集体委托下容易形成"搭便车"这一特殊的机会主义行为的原因。

2. 延误、混淆和偷懒

由于在集体决策中，作为委托机构的事务执行人并不能相机决策，其需要等待其所代表机构组织的集体决策之后才能依照授权完成相应的具体执行合伙企业的事务，这就使得实行集体决策的委托人在进行决策时往往效率较差，会有一段时间的延误。而国有企业集体委托中的代理人（经理人）更是可以充分利用这个延误，实现其个人利益与效用的最大化，实现损企利己的机会主义行为。

其表现在，当国有企业经理人试图偷懒，不进行新的投资与重大业务时，其最简办法就是利用其自身所拥有的信息不对称优势，故意延误向委托人提供相关依据资料的时间，从而使上级决策组织因为信息掌握不足而无法做出决策。而该经理人此时也可以以等待上级委托人决策授权的理由公开地进行偷懒行为。

甚至国有企业的经理人还可以更进一步，不仅向进行集体决策的委托人组织延误提供信息。甚至还可以用混淆的方式故意向其提供模棱两可，易诱发他人困惑的，甚至是相互冲突、自相矛盾的信息，以扩大委托人的集体决策难度，延长委托人的集体决策时间，实现国有企业经理人"偷懒"的目的。

3.3.4 多头委托代理机制下机会主义行为产生的原因

1. 多头委托的含义与结构模型

多头委托则是指几个委托人之间各自相互独立，而在企业的委托代理中各个委托人分别代表自己与代理人完成委托契约签订与委托人分别独立委托授权的过程。此时作为代理人企业经理人会在同一时间内接受多个委托人的不同委托授权（见图3-4）。

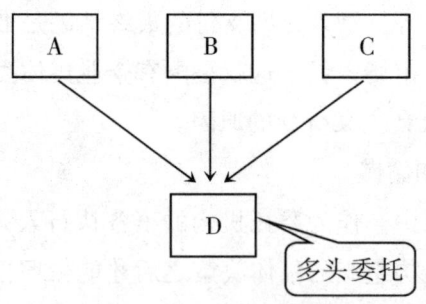

图 3-4 多头委托示意图

在国有企业某一级委托代理关系中，还可能出现几个委托人分别向同一代理人作出委托的情况，例如对于一个资产来源于全民的国有企业而言，其资产既可能来源于中央，则其受全国人大的委托。其资产也可能来源于地方，则其受地方人大的委托，但即使是后者，全国人大亦有权对该地方级国有企业进行监管，于是就出现了在人大委托的这一层级，某国有资产投资机构同时接受全国人大和地方人大两个委托人委托指示的过程，这就构成了多头委托。国有企业设立时本身所具有的社会性、公共性特点使得国有企业还具有多任务、多目标的特色，而这一点就决定了对于一个国有企业而言，其在接受国有资产管理机构委托和监管的同时，还要接受同级的税务、工商、环保、安全，甚至卫生部门的监管，接受他们的任务委托，这就再次构成了多任务委托。

2. 多头委托下国有企业的特殊机会主义行为

（1）信息过滤与信息挑拨，借机偷懒或火中取栗

由于多头委托是多个委托人分别向一个代理人进行委托的过程，各个委托人在与代理人之间由于委托代理关系存在信息不对称的情况下，各个委托人之间本身也存在着信息不对称，这就给了这种条件下的国有企业经理人以一种特殊的利用自身信息优势进行投机的手段——信息过滤和冲突挑拨。所谓冲突挑拨是指国有企业经理人在明知各委托人效用需求不同，关注重点有异的情况下，故意利用自身的信息优势，向不同的委托人提供经过代理人过滤后的各不相同却又有明显偏向导致的相关资料和文件，从而达到引起各委托人之间的兴趣和矛盾，进而利用各委托人之间的矛盾去火中取栗或借机偷懒的目的。如：在一个多头委托中，某铁路建设总局经理人明知国有资产管理机构更关心国有资产的安全、保值、增值以及国有资产对于拉动经济的能力，所以故意向其提供经过经理人自我信息过滤后的，如该铁路建设后能带动多少当地贫困人口脱贫，该铁路建设沿线交通设施稀少，铁路建设后不会在短期内形成竞争，所以收益预期良好。因此该委托人有类似倾向的信息，以表面上得到该委托人支持。随后，该经理人又向另一家有特殊关注的国家机关委托人，如环境保护局，故意提供结

果不利的环保评估报告,指出一旦投资建设该铁路会严重破坏当地的自然环境,造成次生灾害,而且该铁路沿线人口收入很少,不太可能选择铁路出行,所以未来盈利能力堪忧以引起环保局的反对意识,随后在多头委托代理过程中,故意用一方的委托主张对抗另一方的委托主张,人为挑起多头委托人之间的矛盾与冲突,既实现了自我借机延误乃至偷懒的目标,而且不用承担任何责任。

(2) 信息隐瞒、信息虚构与信息欺骗

国有企业的代理人可以充分利用各委托人之间不了解相互的信息,以及并不确知其他委托人对于他们公共的代理人的具体授权委托的情况,使得多头委托人处于一种"双重信息不对称状态",即一方面该委托人对企业代理人存在着传统委托代理理论中的信息不对称;而另一方面,该委托人还存在着与其他同级不同委托人之间的信息不对称,他们并不了解其他委托人的授权情况。这就给了国有企业代理人以"可乘之机",使他们完全可以得利国企业该委托人的"双重信息不对称"劣势,假借某一委托人的名义,用虚构一方信息的方法来对抗另一方的信息及授权指示,拒绝履行代理人自身的义务。甚至该代理人还可以进一步利用该虚构的委托信息,在抵制另一方的授权委托的同时,损害另一方的实际委托利益,甚至诱使另一方采取反击措施。委托人得以在该方反击之后再来反向促使被欺骗、仿冒方参与此多头委托人之间竞争情况,"坐山观虎斗",以实现经理人"火中取栗"或"借机偷懒"等特殊目的。

3.3.5 多任务委托代理机制下机会主义行为产生的原因

1. 多任务委托的含义与结构模型

国有企业的多任务委托代理模式,是从传统委托中的单一代理任务,在实践中被国有企业的多任务取代之后的多任务委托代理的一种情形。例如:由于国有企业设立目标的多任务(如弥补市场失灵——促进社会公平地实现,满足社会公众的公共物品和服务需求等),而由同一个委托人同时作出各不相同的几个委托授权，要求代理人同时完成的一种复杂委托制度。

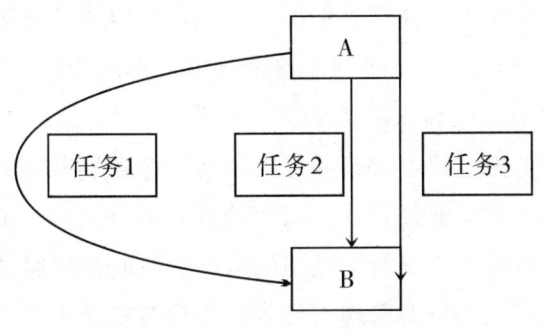

图 3-5　多任务委托示意图

2. 多任务委托下国有企业的特殊机会主义行为

（1）"偷懒"的借口

国有企业为了弥补市场失灵，促进社会公平实现的设立目的，使得国有企业在同一时间可能从一个委托人手中得到了多个任务目标。如国有企业经理人从国资委手中同时实现了，保证最大限度地价廉物美的公共物品的生产以满足社会公众的需求，实现国有资产的保值与增值，促进地区间百姓收入的平衡，拉动特定地区经济增长，保护地区生态环境等几个目标，而这几个目标之间甚至有可能是存在一定冲突的，如要保证企业生产的公共物品尽量低价满足社会公众的消费需求，就会影响该国有企业资产的盈利率，进而影响其国有资产保值、增值的能力。要拉动一地的经济增长，必然是在当地大规模投资，而带来结果很有可能会影响当地的自然生态环境。国有企业多目标特点使得国有企业不以"盈利性"为唯一的目标存在，国有企业社会性、公共性目标的实现要求，一方面会使得国有企业经理人的代理重点漂移，精力付出分散，另一方面也会使得国有企业难以保障其盈利，甚至效益低下。而这同样会成为国有企业经理人掩盖因为其自身的"偷懒"行为导致的低效率的最好托词，并进一步成为"偷懒"的反向激励动机，鼓励更多的"偷懒"行为发生。

(2) 内部人控制和小团体利益私分

在普通的企业委托代理中由于委托人较之代理人存在的信息不对称，难以了解企业经营中的具体信息情况，特别是难以了解代理人的经营信息与经营行为的努力程度等，使得普通企业中容易出现内部人控制的情况。但是在普通企业中，代理人的机会主义行为往往只是体现在其通过欺骗、误导等积极主动的方式将本应归委托人所有的企业利益侵占归己有，最多也就是作为代理人的企业经营人，对于与其有利害关系，能够协助、配合或至少不会阻碍其机会主义行为实施的特殊少数的企业雇员（如企业财务人员、企业组织及人力资源管理人员等）作为其机会主义行为实施了合作团队（其也就是代理人得以有力违法控制企业的小团体）而给予内部利益的分红而已。企业代理人既没有可能，也没有必要将本应属于企业的收益，隐藏提留下来，私分给企业职工，因为这么做对企业经理人员来讲没有任何收益，纯属自己的平白损失。

在国有企业中，由于企业的财产属于"全民"所有，所以国有企业中的全体职工在理论上也是全民的一部分，并且国有企业的多任务中本身就有满足社会公众（包括国企职工）需求内涵主张，所以国有企业的职工对国有企业的经营活动，对于经理人的经营行为也有一定的监督职权。更为重要的是，国有企业的职工对国有企业的经营状况，对于国有企业经理人员的机会主义违法、违约行为的信息掌握程度常常会优于企业委托人，这就使得国有企业的经理人要想实施机会主义行为且事后不被追究，还需要在一定程度上考虑如何俘获和买通本企业职工不使其成为代理人实施机会主义行为的障碍。再加上国有企业职工对企业经理人员的评价好坏有可能作为未来国有企业经理人员考核与升迁时需要参考的指标之一。所有的这三点原因，使得国有企业的经理人员有实行集体机会主义，即将实行机会主义行为之收益的一部分拿出来作为工资、奖金发放给本企业的全体职工，即内部人利益私分国有企业的利润上缴等的动机，并且多任务委托中这种内部人私分往往会被解释为是为了全体企业职工的共同利益，是实现国有企业社会职能的重要表现等，从而似乎变得光明正大了。

3.4 本章小结

本章首先结合经济学的"理性经济人"假设和"利己主义"动机，对国有企业中普遍存在着的机会主义行为进行了理论阐释；其次结合我国国情以及经济发展过程中我国国有企业的发展状况，对我国国有企业经营中存在的机会主义行为进行剖析，结合相关文献以及笔者的思考，分别从行为后果是否直接影响到相关者的利益以及行为主体的主观意志情况对这些机会主义行为进行了细致分类，以更为细致地分析我国国有企业经营中存在的机会主义行为；最后，结合我国国有企业经营中存在的多种多样的复杂的委托代理机制，对这种机会主义行为产生的原因进行讨论和分析，阐述了导致国有企业机会主义行为产生的一般原因要素以及由于国有企业复杂委托代理的原因所形成之国有企业机会主义行为的特殊表现等，以便为后续的研究夯实基础。

第四章

国有企业机会主义行为的不利影响

企业作为一个生产要素的集合体，是以营利为主要目的从事生产经营活动的经济组织。国有企业虽然由于多目标的特征，使得其不以盈利为唯一目的。但是作为企业，国有企业却不应该否认"盈利性"是国有企业的重要指标之一，否则国有企业就会陷入刘世锦（1995）所主张的"企业应当是追求盈利的组织，应当以生产经营活动为中心，应当自主地做出决策——这些企业都必须有的特征，传统体制下中国的国有企业却没有"，所以其质疑"中国的国有企业不是企业"，而是"国家制造的'社区单位'"[209]的怪圈。所以一方面国有企业应当尽量保证其绩效与盈利，另一方面由于国有企业还具有社会目标和公共目标，需要从多方面考察其价值。本章在分析国有企业机会主义行为的表现形式及原因之后，对这种机会主义行为的存在所产生的对企业、对整体行业经营环境的影响进行剖析。

4.1 对企业经营绩效的影响

4.1.1 降低企业当期投入产出比

对于任何一个以追求"盈利"为目标的企业而言，企业（出资人）的投入与产出均衡都是保证企业"盈利"的最基础性要求。因为股东作为企业投资者，身为理性经济人都会希望以最小的资本投入换取最大的收益，而按照经济学一般原理，使投入与产出达到均衡点，是确保企业收益"最大化"的最基本条件。但是在企业的生产经营中，由于机会主义行为存在，有可能严重影响到企业的投入产出比率，例如其表现为以下几个方面：

首先，企业经理人为了节省自身的劳动成本支出而采取的"偷懒"行为，会使得本来其努力工作企业能够得到的全部收益出现部分减损，亦即会减少企业能够获得的收益总量，从而使得企业出资人（股东）的出资不能达到最大化的产出比率，如图4-1所示，经理人不"偷懒"，企业在 I_1 点的产出会达到 P_1，而由于存在经理人的"偷懒"行为，企业相同的投入 I_1，而收益却下降为 P_2，其中 P_1QP_2 之间的阴影空间就是由于经理人的"偷懒"行为导致的企业投入产出的损失空间。

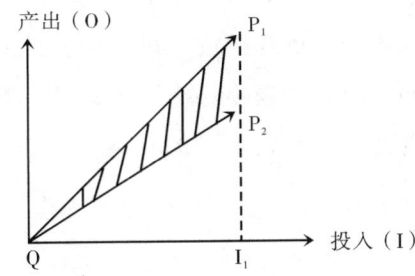

图4-1 企业经理人"偷懒"所致投入产出损失图

其次，企业经理人为了实现个人利益与满足感最大化的目标，热衷于"构建企业帝国"，必然会导致过度投资、重复投资等，从而形成"规模不经济"的现状，严重影响企业未来的投入产出比率，如图4-2所示：A区伴随着企业投资的增加，规模的扩大，企业的平均总成本是在不断下降的，即企业的投入产出比率在不断优化，对企业（出资人）而言，是最优的情况，即实现了规模经济；对B区而言，虽然企业的平均总成本保持不变,没有规模经济的优势,但是在相同的投入产出比率下,伴随着企业投入的增加,企业(出资人)所能获得的企业总收益也相应地获得了增长,仍然是对企业(投资人/委托人)有利的,属于规模不变;在 A、B 两区,经理人从为委托人(企业)利益的考量,扩大投资是合理的,因为伴随着投资的扩大,企业(投资人/委托人)的总体收益额也在相应增长。但是在 C 区(阴影区域)的情况下,伴随着企业投入的不断增加,企业的平均总成本也在迅速上升,且其上升幅度超过了收益的上升幅度,这就使得企业的总收益水平与效率出现了减少,这就构成了规模不经济。这时再继续扩大投资就对企业(投资人/委托人)不利了,因为此时的投资会影响企业的投入产出与总收益水平,作为以追求委托人(企业)利益最大化为目标的理性的经理人此时就应当选择放弃或建议委托人(投资人)放弃投资,才对企业(投资人/委托人)最为有利。问题是经理人此时从其个人利益与效用的角度出发,为了更好地满足其个人效用,如因为掌握更大投资权力为其带来的精神愉悦(马斯洛所谓的被承认和自我实现等),会选择导致继续投资、过度投资、重复投资等机会主义性的短期行为,以构建自身的企业帝国,从而形成"规模不经济"的现状,严重影响企业未来的投入产出比率,损害委托人(投资人)的利益。

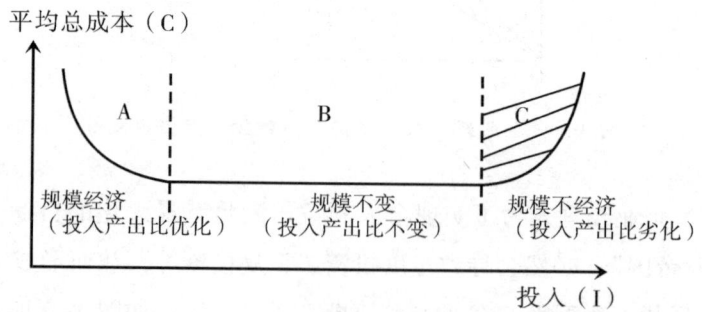

图 4-2 企业经理人热衷于"企业帝国构建"进行过度投资,所致投入产出损失图

图形来源:张海星. 财政机会主义与政府或有债务的预算管理 [J]. 经济研究, 1995 (2): 7-12.

最后，还可能出现经理人之间合谋或者与企业次级委托人之间合谋，欺骗初始委托人，侵吞企业资产或骗取私分企业收益等行为的情况，而这些情况无疑也会直接影响到企业的投入与产出比率，如图4-3所示，因合谋侵吞企业资产使得企业的资产总额从同心圆 A 减少到同心圆 B，而在企业盈利率不变的情况下，必然意味着图4-3中双交叉阴影部分的利润会因为资产的减少而损失，而这对于企业投资人而言必然是相同投入的收益减少（投资产出比率的损失），而如图4-4所示，阴影部分的利润被合谋骗取私分的结果必然是使得委托人（企业）的收益减少，进而影响投入产出比率。

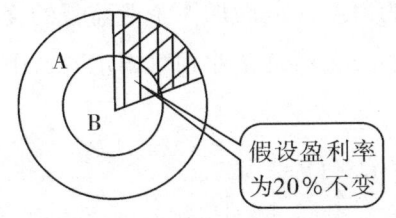
图4-3 合谋侵吞企业资产，影响企业的投入产出比示意图

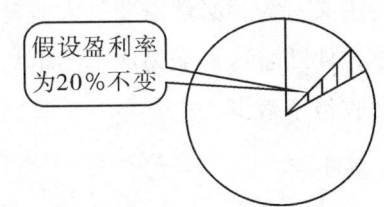
图4-4 合谋骗取私分企业收益，影响企业投入产出比示意图

4.1.2 降低企业长期经营绩效

首先，企业经理人的偷懒会使得企业本来能够获得的产出无法充分获得，企业的效益就会下降，而企业职工的偷懒与磨洋工（如因为"偷懒"将职工人均日产60件产品的生产效率降低为日产40件），又会直接影响到企业的生产效率。其次，企业经理人对企业委托人所进行的经营信息的隐瞒与迟延，会使企业委托人因为信息的缺乏而难以及时做出正确有效的决策，这种出资人决策效率的损失又会进一步地影响到企业的效率与效益。具体如图4-5所示，在企业面对市场行情向好，面临盈利的良机时，委托人根据经理人不拖延的及时信息提供，能够及时地在 T_1 点做出投资或购入等重大决策所能获取盈利空间范围（T_1T_3 之间的阴影面积），将远远大于因为经理人的信息延误导致委托人决策滞后 T_2 点所能获取的盈利空间范围

(T_2T_3 之间的交叉阴影面积);而当企业面临市场不景气所致亏损与风险之时,如图 4-6 所示,委托人根据经理人不拖延的及时信息提供,能够及时地在 T_4 点做出终止投资或转手出售等重大决策所需承受的损失空间范围(T_3T_4 之间的交叉阴影面积),也将远远小于因为经理人的信息延误导致委托人决策滞后 T_5 点所需承受的损失空间范围(T_3T_5 之间的阴影面积);而企业经理人对企业委托人进行的信息欺骗与伪造(如将图 4-5,4-6 的图形趋势方向进行误导倒置),更是会严重混淆企业委托人的视野,误导其决策,影响企业的效率与绩效;最后,委托人为了监督企业经理人的前述机会主义行为,必然需要加大监督投入的力度,从而加大企业监督的交易成本,伴随着这种交易成本的增加,带来的必然是企业相对固定收益下的企业收益率减少。

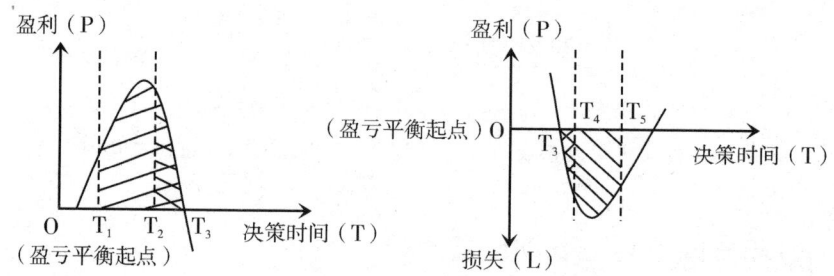

图 4-5 企业经理人延误盈利信息提供导致的企业收益减少示意图　　图 4-6 企业经理人延误损失信息提供导致的企业收益减少示意图

4.2 对企业经营治理的影响

4.2.1 扩大信息不对称现象

前文中我们曾经分析了机会主义行为存在的基础条件之一是存在着信息不对称,即信息不对称是促成机会主义行为产生的条件之一。但是,进一步分析,我们可以发现,如图 4-7 所示,企业生产经营中的机会主义行为人,为了实施"损人利己"的机会主义行为,并且尽量减少被行为相对人发现的可能性,以免给自身带来"损失",就会尽力想办法扩大其自身的信息不对称优势。如:企业委托代理经营中的经理人,为了欺骗或误导委托人,就会有意识地进行信息的隐瞒与过滤,向委托人提供经过经理人选择的对经理人有利的信息;或者故意拖延向委托人的信息提供期限;或者故意通过弱化向委托人提供的特定信息(如将核心信息隐藏在向委托人提供大量的无用信息当中)等方式使委托人产生混淆与误识,进而误导委托人的行为。在存在复杂委托代理关系的企业中,企业经理人还可能通过合谋与寻租等方式在经理人与次级委托人之间、经理人之间、经理人与企业职工之间进行串谋,通过隐瞒与欺骗等方式扩大其针对初始委托人或相关相对人的信息不对称优势,从而为其后续的"偷懒""欺骗""侵占""合谋""短期行为"等提供进一步的条件和基础。

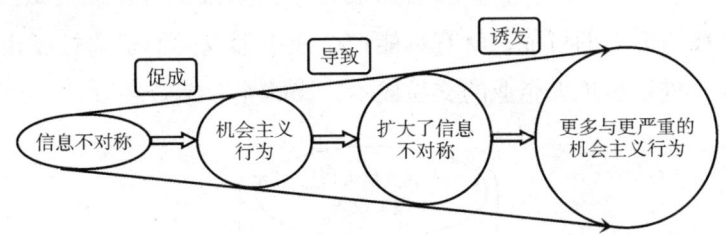

图 4-7 机会主义与信息不对称关系传导图

4.2.2 增加交易成本

作为经济学中"机会主义"概念的首倡者,威廉姆森(Williamson,1985)[3]就明确地提出"机会主义"行为会影响交易费用(交易成本),并将其作为影响交易费用核心六因素中"人的因素"之一①。机会主义行

---

① 威廉姆森通过《生产的纵向一体化:市场失灵的考察》《交易费用经济学:契约关系的规制》《经济组织的逻辑》等论文将影响交易费用的因素分为交易因素和人的因素。前者包括:市场的不确定性、潜在交易对手的数量、交易物品的技术专有性、交易频率等,后者包括有限理性和机会主义。

为是如何影响到企业的交易成本的呢？简单来说，正如图4-8所示：第一，由于机会主义行为人存在着采取前述机会主义行为损害企业（委托人）或相对人利益的可能性，所以作为相对人为了避免自身的损失，就必然需要一方面加大对所委托代理人自身以及其经营企业过程中活动信息的搜集与掌握力度，而这必然会带来更大的经费与人力投入，增大了企业的交易成本；第二，企业委托人还需要加大对企业经理人和其他机会主义行为可能人的监管力度，包括聘用更多的专业人员甚至设立更多的监管组织进行监督管理，加强企业监管制度的设置，降低企业经理人经营过程中的"自由裁量权"① 与及时决策权等方式，而这些方法的实施也会进一步加大企业的交易成本，降低企业的利润率与经营效率；第三，由于存在的企业经营人员机会主义行为的可能性，所以企业相对人就可能会降低其对企业经理人的出价与薪酬提供，从而降低优秀企业家接受聘任或提供"全力以赴"经营履约努力的可能，就有可能在企业中形成类似于"柠檬市场"的逆向选择，进一步扩大企业的交易成本，影响企业绩效获取。

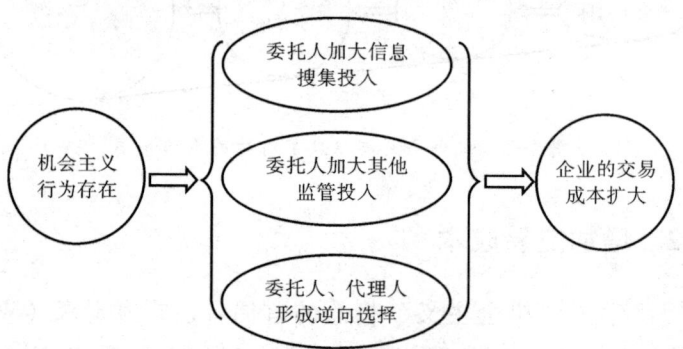

图4-8 机会主义行为影响企业的交易成本

---

① 自由裁量权是一个法律术语，原意是指法官有在"法无明文规定"的情况下，自由地根据自己的专业知识与素养，对案件做出审判与裁决的权力。在本书中，这里借用"自由裁量权"指企业经理人作为代理人在未得到委托人授权的情况下，自主地做出相关决策的自由权。

4.3 机会主义行为的外部影响

4.3.1 破坏整体经营环境，导致国有资源浪费和损失

由于国有企业的特殊社会性和公共性，使得国有企业除了要受到国有资产管理机构、国有专业投资公司的直接委托和管辖外，还受到多头委托人国家环境保护部门的委托，使其有义务采取积极的措施保护环境并尽量避免污染，或者将污染等环境损害控制到国家法律许可的范围之内。然而，由于具备"损人利己"特征的机会主义行为的存在，在国有企业的委托代理经营过程中还是可能出现经理人之间合谋或者与企业次级委托人国有专业投资公司之间合谋，不进行环境保护措施建设与投资，不进行环境保护措施的及时维护、升级与改造，甚至不开环境保护设施设备等方式来减少环境保护费用支出，以及经理人以欺骗的方式违背其向多头委托人之一的国家环境保护部门的环保义务，实施前述减少环境保护费用支出的措施使得整个社会环境资源与财富缩水受损。

4.3.2 延误治理时期，致使损失持续扩大

国有企业在发生环境污染等具有严重外部性的事件时，企业经理人员基于自身企业的私利，不顾国有企业的社会性，不顾其作为代理人对国有企业的多头委托人之一的环境保护部门所承担的义务，不顾企业的社会责任承担，通过隐瞒与延误等方式不及时上报国家污染的相关信息，会使国家环保部门作为委托人因为信息的缺乏而难以及时做出正确有效的决策，这种出资人决策效率的损失又会进一步地影响到整个环境和国家利益的及时止损。具体如图4-9所示，在环境污染事件发生，面临重大环境损失与外部性的同时，委托人环保部如果能够根据经理人不拖延的及时信息提供，能够及时地在T_2点做出关停污染源，及时采取补救措施等决策，国家

和环境所需承受的损失空间范围（T_1T_2 之间的交叉阴影面积）就将远远小于因为经理人的信息延误导致委托人决策滞后 T_3 点所需承受的损失空间范围（T_1T_3 之间的阴影面积）。同时，委托人为了监督企业经理人的前述机会主义行为，必然需要加大监督投入的力度，从而加大企业监督的交易成本，伴随着这种交易成本的增加，带来的必然是企业相对固定收益下的企业收益率减少。

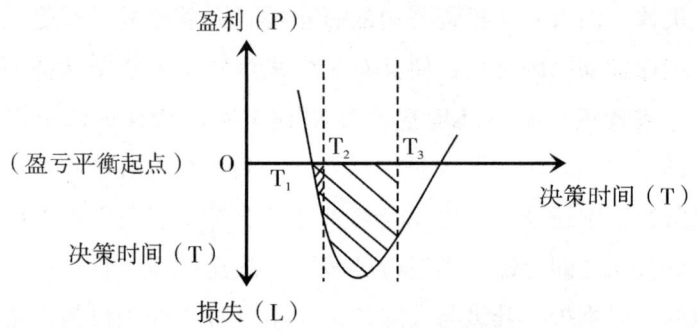

图 4-9　企业经理人延误损失信息提供导致的国家环境损失和外部性扩大示意图

4.4　机会主义行为的社会影响

4.4.1　影响整个行业的创新力

如果说机会主义行为影响企业的投入与产出比率，影响企业的效率与效益只是影响企业当前"盈利能力"或绩效的话，机会主义行为的存在会影响到企业的创新能力与市场竞争力则是影响到了企业未来的"盈利能力"与"发展潜力"。

创新意味着打破"旧有的惯例与模式"进行新的"探索与尝试"，而这就意味着新的投入与风险，参照陈玉和，白俊红等（2007）[174]撰文所创设的技术创新三维风险模型，创新将至少面临着"知识维""环境维"与"过程维"的三维风险，如图 4-10 所示，三维风险图中的知识维中所包含的技术、管理、法律、财会等各种知识实质上是由企业经理人所掌控的；过程维中从创新设想到设计、研发、再到生产与初次商业化的应用等过程也是为企业经理人所掌控和面对的；但是环境维中的技术风险、市场风险、财务风险、能力风险等方面实质上是由经理人所承担的，但同时其带来的收益与损失却往往由委托人所享受和承担。这就很容易同时带来两种机会主义的倾向（如图4-11所示）：即一方面，当由企业经理人承担包括全部三维创新风险的同时，而未来创新成功获得巨额的收益，由于企业的财产所有权归属于委托人（股东）所有，这就必然决定了大部分的创新收益将归企业委托人（股东）所有，留给企业经理人的创新收益只会占很小的一部分，这种承担风险与所获收益之间的不对称、不一致性必然导致企业经理人缺乏创新的动机与动力，不愿承担相应的创新风险，即不愿意进行相关的创新活动，进行"创新偷懒"和"创新不作为的短期行为"。另一方面，由企业经理人承担包括知识维与过程维的两种风险，而环境维的风险由企业委托人（投资人）依产权归属来主要承担，未来创新失败带来了巨额亏损，虽然表现上看，同样如前述分析，主要的亏损应由作为企业财产所有者的委托人（股东）来承担，但是由于当今企业经理人薪酬中本身就包括"企业收益提成"等业绩薪酬，伴随着企业创新失败而带来的大量损失，一部分影响到企业经理人的个人收益，这同样会使得风险厌恶的经理人不愿意采取创新措施和创新研发与投入，而同时，又由于创新所需的知识维与过程维风险是由企业经理人所掌握的，所以再次出现了前述的创新盈利条件下可能出现的企业经理人的"创新偷懒"和"创新不作为"的短期行为，除非该企业经理人能利用自身所掌握的信息不对称优势，以对外合谋等方式从本企业的创新损失中攫取或侵吞一部分收益，且这个收益足以超过企业创新失败亏损给企业经理人个人所可能带来的"薪酬损失"。

相反，对于作为企业财产所有者的委托人（股东）而言，首先，其承担的创新风险有限，因为一方面相当的创新风险是由经理人承担了，另一方面，由于当今世界各国公司法所普遍规定的股东有限责任（即出资人仅以其出资额或所持股份为限对公司承担有限责任），使得委托人往往敢于冒险，勇于承担创新的风险损失（至少是创新风险中性）。其次，一旦创新成功就会带来大量的新增利润点、发展潜力与未来竞争力，会使得企业财产所有者（委托人）未来享受大部分的创新盈利，所以其大都愿意企业进行积极的创新投入。这就使得企业委托人与经理人在创新这一问题或行动的选择上产生了差异，进而产生了企业经理人违背委托人意愿进行"创新偷懒"或"创新不作为"等短期机会主义行为的倾向。

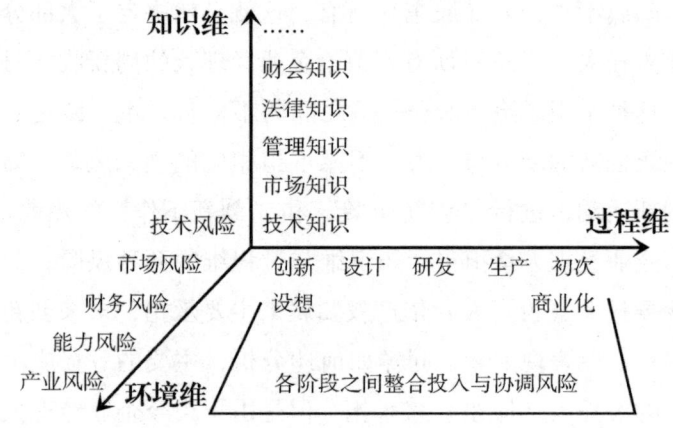

图 4-10　引自陈玉和、白俊红等技术创新三维风险图[174]

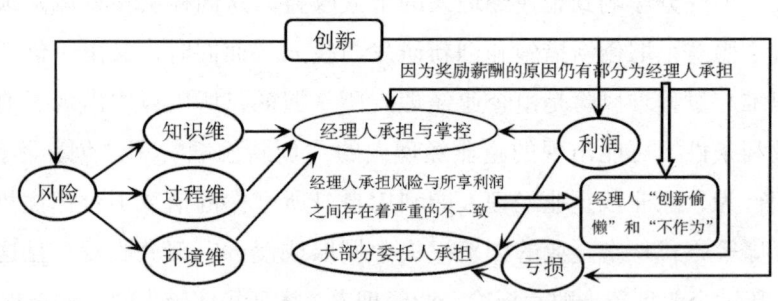

图 4-11　机会主义影响企业创新能力图示

企业经理人基于自身收益（固定薪酬加奖励薪酬）以及任期制的考量，往往采取短期行为，不愿意承担企业在研发方面的投入和风险，如减少企业研发方面的投入，不建立企业研发部门或减少研发部门的人员编制或人才引进，不积极鼓励企业职工进行科研创新，工艺改进试验，不支持相关人员的专利申请等，这些会严重影响企业的创新能力。

总结以上理论分析，国有企业经理人基于自身收益（固定薪酬加奖励薪酬）以及任期制的考量，往往采取短期行为，不愿意承担企业在研发方面的投入和风险，如减少企业研发方面的投入，不建立企业研发部门或减少研发部门的人员编制或人才引进，不积极鼓励企业职工进行科研创新，工艺改进试验，不支持相关人员的专利申请等，采取保守的方式，而这种方式不仅会严重影响企业的创新能力与未来绩效，也会在社会上形成保守的风气，不利于整体社会创新精神的提倡与构建。

4.4.2 机会主义扩张和不良示范效应

企业代理人的机会主义行为在本质上可以看作一种"舞弊"行为，而我们借鉴和综合企业舞弊的三角形理论与四因素理论，笔者将企业道德风险的机会主义行为的动因分为四个方面：压力（pressure）、机会（opportunity）、借口（rationalization）和曝光（exposure），即 PORE（深思熟虑）模型[175]。

1. 压力

如前所述，国有企业是一种具有多任务目标的企业，其本身基于不同委托人的核心诉求所产生的不同经营目标，对其就构成了不同的要求，因而产生了不同的压力。而这些不同的压力是企业代理人采取机会主义行为的动机所在。如：为了更好地满足企业的盈利性要求，同时实现个人收益的最大化，企业的代理人必须关注成本与收益问题。而在前述国有企业因其自身固有的自然垄断性等原因导致的投资规模巨大，与基础设施建设紧密相关，建设周期长、见效慢等客观条件往往使其难以符合代理人所期望的早见成效、见大成效的目标。故而，此时，利用自身掌握的信息优势向委托人隐瞒或伪造相关经营的真实信息，通过与本企业会计人员的共谋、做假账来人为地提高企业盈利的账面表现，以牺牲企业的长远利益为代价，通过掠夺性、破坏性机器设备的使用来获短期的利润显示，以提升本企业的利润分成或升职概率就成为这种压力最优成本收益的选择。同样，面对特殊时期，为了满足政府的政治性、社会性的目标需求（例如当经济低迷时政府会要求国有企业起到投资拉动的引领者作用），国有企业的经营人（代理人）会出于自身未来升职的利益考虑，会利用自身的信息优势，罔顾本企业自身盈利率有限，在本身投资能力不足的情况下，向委托人和企业职工隐瞒真实经营情况，拆东墙补西墙，将本用于企业内部技术升级改造或职工福利提升的资金拿来进行盲目的重复建设投资，而不考虑这种投资的效率如何，未来能否盈利等。

2. 机会

机会是企业代理人在国有企业的委托代理经营中将其机会主义行为实行化的转换条件。国有企业各级代理人进行机会主义行为的机会或条件主要包括下列三种：信息性条件、制度性条件以及环境性条件。首先，信息性条件是指信息不对称和委托人的有限理性。依照信息经济学的基本原理，信息透明对称与当事人完全理性，是确保代理人完全遵守自身的义务规定为委托人服务的前提。然而，在国有企业的多重委托代理环境下的企业运营中，由于代理人相关企业运营管理活动的信息不完全透明，使得委托人难以了解代理人相关的全部经营信息，进而也就无法明确观测代理人从事代理行为的全部努力状况以及相应的行为效果。而与此同时，委托人并不具备完全理性（有限理性）。即其不可能具备与企业经营管理所需的全部专业知识，不能够观测到代理人的全部经营行为和努力程度，并难以采取足够有效的措施去引导和督促代理人为自己的利益服务。在代理人利益与委托人利益不同的情况下，就容易产生代理人利用自身信息不对称优势和委托人有限理性的机会进行机会主义行为，损害委托人利益。其次，制度性条件是指制度供给不足与监管不力。依据新制度经济学的原理，企业是一种制度的安排，是一系列契约的集合。在不完全契约的条件下，企业必须依靠相应的完善制度供给才能有效避免投机与败德等代理人机会主义行为的发生。然而，基于新中国成立以后长期的计划经济历史惯性，使得我国国有企业习惯了依靠行政命令和计划行事而非依法律制度行事，这就使得我国相关法律制度供给累积不足。进一步，在无法可依的情况下，由于国有企业资产来源的国有性又使得各级委托人由于没有剩余索取权而缺乏监管的兴趣与责任心，导致监管不力，从而更给了代理人实施机会主义行为的机会。最后，环境性条件是指唯利是图和贪腐横行的客观环境容易诱使和扩散代理人产生机会主义行为。经济基础决定上层建筑，改革开放以来所形成的唯利是图经济社会环境无疑比政治挂帅，荣誉第一的社会经济环境更容易诱使代理人为了个人利益从事机会主义行为。最后，改革开放以来由于一定程度上对精神文明的忽视导致的贪腐横行，"笑贫不笑娼"更容易引发经济社会环境的恶化，形成"反向示范"，代理人机会主义行为频发。

3. 借口

借口在国有企业中是指国有企业的代理人以某事为理由（而非真正的理由）用以解释以往的错误或掩盖自己过去的错误思想，以使自己的机会主义行为得到一种表面上的"合理性"。依据现代经济学的最新原理，当事人事实上是有限理性的，要受到一定程度的道德、理念和社会认知的影响。在国有企业的多重委托代理中，事实上代理人是明知其机会主义行为会损害委托人的利益而故意而为之的。那么其为了避免受到自身内心的"自责"往往会找些"似是而非"的原因或事由来解释其机会主义行为的"合理性"。代理人解释其机会主义行为的借口通常有以下三种：学习效应、劣币驱逐良币的被迫后果以及道德推脱。学习效应是一种社会学的行为效应，是指行为人作为社会认知的主体的许多行为是通过其对社会现象的学习和观察所得。社会中80%的人永远是跟随着20%的先行者来行动的，大多数人的行为是社会学习和盲从跟随的结果。由于个别代理人在国有企业的多重委托代理中通过机会主义行为，既获得了额外的"好处"又没有受到惩罚，这往往就会鼓励更多的国有企业代理人从自利的角度出发，学习这种"机会主义行为"，最终在社会上形成一种逆向选择与败德横行的社会风气，以至于形成"涟漪效应"使机会主义行为的影响与范围越扩越大。"劣币驱逐良币"是逆向选择的一种说法，即由于少数代理人通过机会主义行为获得了"个人好处"，损害了委托人的利益，产生了恶劣的影响，就使得委托人在给代理人薪酬时由于无法判定代理人的"个人操守与未来行为状态"，为了降低委托人的自身风险而给其"诚信履行职务代理人（以下简称诚信代理人）与违反法律与合同义务代理人（以下简称违义代理人）"的工资报酬的平均值，从而使得真正"诚信代理人"的经营投入无法得到有效的收益补充，进而迫使其也采取"低质低价"服务的办法，即同样采取"机会主义行为"以追求自身利益的最大化，弥补自身的投入损失。最终导致全社会都"劣币驱逐良币"，此时"诚信代理人"将无法生存下去，不得不"随波逐流"。道德推脱是指个体（企业）会产生某些特定的认知倾向，使这些认知倾向对内在的责任加以归因调解，以最大限度地减少行为者（企业）对自身行为后果中所分摊的责任（Bandura, 1990）[176]。在国有企业中，代理人为了免受自身"良知"的"谴责"，会自动寻找一些诸如"迫不得已""事出有因""情有可原""约定俗成""企业惯例"等事由来解释自身的机会主义行为。如以"为企业职工谋福利"为借口去解释其"由于内部人利益侵占，损害了对国家的利润上缴"的行为；以"约定俗成"的"企业惯例"为借口来解释其为了共谋而向上级委托人的执行人所进行的"贿赂"；以"响应国家号召，为拉动经济增长出力"为借口进行不认真事前调研和未经成本收益考虑的"盲目扩大甚至重复投资"，而其真实的目的是获得投资采购的个人回扣而已。通过这些借口，使违义代理人获得了某种程度上的"罪恶心理解脱"，和违义行动的"表面合理性"，甚至促使更多的"机会主义行为"的发生。

4. 曝光

曝光是指国有企业的各级代理人"机会主义行为"被发现和查处的概

率以及由此带来的损失程度。按照委托代理的一般原理，代理人都是风险的。所以伴随着国有企业代理人之"机会主义行为"被曝光概率的增加，伴随着其被发现后处罚力度和损失的加大，代理人从事"机会主义行为"的动力也会不断减少甚至消失。然而，在国有企业的实际运营管理中，一方面客观上多重委托代理条件下代理人的信息不对称优势更为显著，使得其"机会主义行为"很难被委托人发现，另一方面主观上由于国有企业资产来源的公有所导致的企业委托人责任心不强、监管不力使得国有企业代理人"机会主义行为"被发现的概率很小；再加上由于历史的原因导致我国国有企业中对于代理人"机会主义行为"的惩处制度供给不足，由于缺乏相应的国有企业代理人的完全竞争市场和"声誉排挤机制"，使得实行"机会主义行为"的国有企业代理人即使被曝光也惩罚很小，远不足以和其"违义收益"相比。这些都会在主客观上成为促使国有企业代理人从事"违义"等损害委托人利益行为的动因。

上述国有企业机会主义行为的 PORE 模型直接反映出在国有企业委托代理条件下机会主义行为是如何被扩张、仿效的，尤其是其中的涟漪示范效应，会使得机会主义行为从国有企业之间扩张到整个社会之上，从而败坏社会风气。

4.5 本章小结

本章内容具体分析了国有企业的机会主义行为对国有企业本身短期投入产出比，长期经营绩效的不利影响，对整体国有企业治理路径和效率的不利影响，对宏观经济资源、环境资源的影响以及对整体社会企业经营创新能力和示范效应的影响，初步实证检验了国有企业的机会主义行为是如何影响经济、环境和社会的。特别是机会主义行为对于社会主义企业绩效的影响方面，从最一般的角度简要分析了机会主义行为对企业的危害，其中既包括影响了投入产出比率，当期效益与效率等直接影响企业当期与未来绩效的危害，也包括影响企业中的信息不对称与交易成本（治理成本）等影响企业治理效益的危害等。从而为接下来具体分析国有企业中的治理中的机会主义行为提供基础和铺垫。

第五章 博弈演化视角下机会主义行为的实证分析

5.1 基本假设及理论模型

5.1.1 基本假设

本模型针对的是国有企业内部的委托代理关系。假定委托人（股东）是风险中性者，代理人（经理人）是风险规避者。契约双方均是理性经济人，存在着信息不对称。

将上述假设公式化，如下：

(1) 假定两个阶段，$t=1,2$ 每一阶段的生产函数

$$\pi_t = \eta + e_t + \varepsilon_t \qquad t=1,2 \tag{5.1}$$

在 (5.1) 中，π_t 表示第 t 时期的货币收入，η 表示管理人员的经营管理能力，e_t 表示管理人员在 t 时间的努力水平，ε_t 是外生的随机变量（技术等）。假定 e_t 是私人信息，π_t 是共同信息，η 和 ε_t 服从正态分布。假定随机变量 ε_1、ε_2 是独立的，即 $COV(\varepsilon_1,\varepsilon_2)=0$，$\eta$ 和 ε_1、ε_2 相互独立。

(2) 委托人基于经理的报酬为 W_t，假定取线性形式

$$W_t = \alpha_t + \beta_t(\pi_t), \qquad t=1,2 \tag{5.2}$$

在 (5.2) 中，表示 t 期的固定报酬，$t-1$ 期是由经营能力决定的，β_t

(π_t) 是一个显性的激励系数，其表示经营者所分享的产出份额，π_t 表示经营者努力经营所创造的产出。与一般显性契约情形不同的是，因为经理的经营能力是不确定的，委托人在第 2 期时通过对第 1 期产出的观察来预期代理人的职业能力 η，进而确定 W_t，而代理人则可以通过 e_t 对 π_t 的作用来影响这种预期。第 1 期努力水平会影响到第 2 期的报酬，从而促使代理人对自己当期行为负责。这也正是声誉机制发挥作用的机理。

（3）进一步假设管理者的成本函数

$$C(e_t) = \frac{d}{2}(e_t)^2 \tag{5.3}$$

其中，$d>0$，代表成本系数，$C(e_t)$ 是努力的负效应，其假设是严格的递增函数（二阶导大于零，凸函数），且 $C'(0) = 0$

按照以上的设定可以得出关系式

$$Var(\pi_t) = \delta^2 \tag{5.4}$$

$$E(\eta/\pi_1) = (1-Y)E(\eta) + Y(\pi_1 - \hat{e}_1) = Y(\pi_1 - \hat{e}_1) \tag{5.5}$$

$$E(\pi_2/\pi_1) = \hat{e}_2 + Y(\pi_t - \hat{e}_1) \tag{5.6}$$

$$Var(\pi_2/\pi_1) = (1-t)\delta^2 \tag{5.7}$$

$$\gamma = \frac{Var(\eta)}{Var(\eta) + Var(\varepsilon)} \tag{5.8}$$

其中（5.5）和（5.6）式表示委托人对代理人第 t 期望的预期值。

（4）假设委托人风险中性，代理人风险规避

绝对的风险规避量为 λ，贴现率为 δ，且知道 $\lambda>0$，$\delta<0$。委托人和代理人的效用函数分别为 U_1、U_2，则可知

$$U_1 = \pi_1 - w_1 + (\pi_2 - w_2)\delta \tag{5.9}$$

$$U_2 = -\exp\{-\gamma[w_1 - C(e_1) + (w_2 - C(e_2))\delta]\} \tag{5.10}$$

（5.9）式表示委托人的效用等于第一期的净产出和第二期的净产出贴现和。（5.10）式是一个幂效用函数，是代理人的风险规避函数。

类似的可得出委托人和代理人的等价收入分别是 Z_1 和 Z_2。

$$Z_1 = E(\pi_1) - E(w_1) + [E(\pi_2) - E(w_2)]\delta \tag{5.11}$$

$$Z_2 = E(w_1) - C(e_1) + [E(w_2) - C(e_2)]\delta - 0.5\gamma Var(w_1 + w_2\delta)$$
(5.12)

5.1.2 理论模型

委托人和代理人之间的博弈关系为,首先是委托人提供一个阶段性的契约,确定第一期的契约,第一期的契约也就决定了固定报酬 α_1 和激励系数 β_1。代理人选择接受或者拒绝,接受的情况下,代理人会选择 e_1。在观察到 π_1 之后,委托人可以推断出代理人的能力期望 η,并以此作为决定第二契约中报酬和激励的因素。在第二契约中,代理人有了讨价还价能力 b ($b \in [0, 1]$),即表明每当第二期的收入增加一个单位,代理人的收入可以增加 b 个单位。代理人选择 e_2,产出为 π_2,同时,其收益为 w_2。

作为委托人,要实现期望的效用最大化就是要时期确定性的等价收入 Z 最大化。即 $Max_{\alpha_1,\beta_1,e_1} e_1 - E(w_1) + [e_2 - E(w_2)]\delta$,其中, $w_t = \alpha + \beta(\pi_t)$。

最优契约满足以下条件:

(1) 参与约束

代理人参与到博弈的前提是从该博弈中所得到的确定性收入不低于其保留收入,假设保留收入用 $\hat{U}$ 表示,在第一期的代理人保留收入是一个外生常数,但在第二期则会受到第一期的业绩收入 π_1 的影响,较高的第一期收入能提高代理人在劳动力市场上的讨价还价能力,其就具备了外部选择机会。这样做博弈的前提是:

$$E(w_1) - 0.5(e_1)^2 + [E(w_2) - 0.5(e_2)^2]\delta - 0.5\gamma Var)w_1 + w_2\delta) \geq \hat{U}$$
(5.13)

式 (5.13) 表示在第一期初始的时候,代理人所得到的确定性等价收入不低于保留收入 $\hat{U}$,在第二期开始的时候,代理人和委托人之间存在着讨价还价,设定 b 为讨价还价能力,代理人会从第二期的总收入中索取 b 部分,因此第二期要满足约束

$$Z_t = m + b\ (Z_1 + Z_2) \tag{5.14}$$

式（5.14）是通过表示参与约束来实现对 α_2 的调整的。在式（5.14）中，Z_1 和 Z_2 分别是代理人、委托人在第二期的确定性等价收入，m 是常数。

（2）时间一致约束

委托人在第二期初始，其满足的约束是第一期的契约，代理人的参与。在第二期中，委托人的问题也转化为最大化委托代理双方在第二期的确定性等价收入之和，即：

$$\text{Max}_{\alpha_1,\beta_1} e_2 - \frac{d}{2}(e_2)^2 - \frac{\lambda}{2} Var\ (w_2/\pi_1) \tag{5.15}$$

（3）激励相容约束

代理人会选择 e_1、e_2 来最大化期望效用，即最大化收入。

$$\text{Max}_{e_1} E\ (w_2) - \frac{d}{2}(e_2)^2 - \frac{\lambda}{2} Var\ (w_2) \tag{5.16}$$

$$\text{Max}_{e_1} E\ (w_1) - \frac{d}{2}(e_1)^2 + [E\ (w_2) - \frac{\lambda}{2}(e_2)^2] - \frac{\lambda}{2} Var\ (w_1 + \delta w_2) \tag{5.17}$$

假定第二期是最后一期，这一期的业绩不会影响到代理人以后的报酬，那么在第二期的契约下，代理人选择 e_2 最大化其当期收入。最大化一阶条件为 $e_2 = \frac{1}{d}\beta_2$。

由上述讨论可知，委托人的问题其实质是选择 α_t、β_t 和 e_t，其最优化的问题为：

$$\text{Max}_{\alpha_1,\beta_1,e_1} e_1 - \frac{d}{2}(e_2)^2 + [e_2 - \frac{d}{2}(e_2)^2] - \frac{\lambda}{2} Var\ (w_1 + \delta w_2)$$

$$Z_t = m + b\ (Z_1 + Z_2)$$

$$\text{Max}_{e_1} E\ (w_1) - \frac{d}{2}(e_1)^2 + [e\ (w_2) - \frac{d}{2}(e_2)^2] - \frac{\lambda}{2} Var\ (w_1 + \delta w_2)$$

$$e_2 = \frac{1}{d}\beta_2$$

$$\text{Max}_{\alpha_1,\beta_1} e_2 - \frac{d}{2}(e_2)^2 - \frac{\lambda}{2}\text{Var}(w_2/\pi_1) \tag{5.18}$$

经过计算可以得出结论:

$$e_2 = \frac{1}{d[1+d\lambda(1-y^2)\delta^2]} \tag{5.19}$$

$$\beta_2 = \frac{1}{1+d\lambda(1-y^2)\delta^2} \tag{5.20}$$

从式（5.19）和（5.20）可以得出结论，第二期最优水平 e_2 的取值取决于成本系数 d 和 β_2 当期的激励系数。因为这是最后一期，所以假定中不涉及声誉的激励机制约束。

$$\Pi w_2 = \alpha_2 + \beta_2 \pi_2$$
$$= [m + (b-\beta_2)\hat{e} + (1-b)\frac{d}{2}\hat{e}^2 + 0.5(1-b)(1-y^2)\lambda\beta_2^2\delta^2]$$
$$+ (b-\beta_2)E(\eta/\pi_1) + \beta_2\pi_2 \tag{5.21}$$

由式（5.21）可知，声誉的预期是通过 α_2 以调整 w_2 的。其中（1-β_2）$E(\eta/\pi_1)$ 体现了这样的影响。代理人在第二期的报酬是根据当期的业绩 β_2 和委托人对代理人职业能力的期望这二因素共同影响的。当 b 大于 β_2，这时会产生一种积极的影响，敦促代理人提高第一期的业绩改善其委托人对其能力的期望值。相反，当 b 小于 β_2 时，会存在一种消极的影响。因此，可以得出结论，声誉作用的前提是 $b>\beta_2$。

本实证以博弈演化视角，探究了在多重委托代理的情况下，国有企业代理人的决策会受到多种因素的影响，并针对其中的一种，声誉机制，进行了实证分析。本小节目的是针对多重委托代理问题的引发过程和机理进行举证分析，并通过得到的特殊性结论得出多重委托代理的一般性的影响因素。现可得出结论如下：

①声誉激励机制是有效的。声誉机制可以提高管理者的积极性。

②模型建立声誉机制发挥作用的机理是：通过前期代理经营绩效的调查，以确定管理人员的固定薪酬和激励系数。代理人的讨价还价能力和企业绩效成正相关关系。具体表现为前一个时期的表现影响了下一个时期的收入。

③在第一期中，管理人员的能力是不确定的。在这种信息不对称机制中，客户可以通过代理的"信号传输"来判断代理的能力。如果委托人对代理人的能力有较大的不确定性，则代理人将通过自己的努力改变委托人的预期。通过提高努力水平和提高绩效，代理人将获得较高的边际收益和激励系数。这就是为什么年轻的经理更积极，同时也会更难管理。

④在运用声誉机制时，还要考虑博弈者的耐心。在无限次重复博弈情况下，囚徒可以走出一次博弈的困境，2个囚徒能实现合作并达到帕累托最优。这是因为在博弈重复无穷次并且每个人都有足够耐心的情况下，任何短期的机会主义行为的所得都是微不足道的，参与人有积极性为自己建立一个乐于合作的声誉，同时也有积极性惩罚对方的机会主义行为。在经理人市场上也有类似的情形存在。在无限次重复博弈情况下，即使不考虑薪酬的激励作用，声誉机制也能自动约束经理人的行为，能自动发挥作用，这就是 Fama & Holmstrom 完全竞争市场上的理想情况。当然在现实生活中，不可能是完全竞争，也不可能是无限次重复博弈，但是有一点可以确认，声誉机制仍然能发挥作用。"无名氏定理告诉我们，在无限次重复博弈过程中，如果参与人有足够的耐心，那么任何满足个人理性的可行支付向量都可以通过一个特定的子博弈精练均衡得到。博弈耐心的增大，可以提高声誉的激励效应，激励有随时间增强的趋势"[183]。年轻的经理人可以从中受惠更多；越接近退休年龄，努力的声誉效应越小。

⑤在建立声誉机制时，也要注意克服棘轮效应的影响。在计划经济体制下，棘轮现象已成为国有企业普遍存在的现象。从理论上讲，棘轮本身并不满足动态一致性，即使知道管理者的能力，也很难用财富激励手段实现有效的配置。棘轮行为作为评价管理者能力的标准，违背了声誉机制的

原则。

⑥所有制不同对声誉机制存在影响。在刘丽颖（2013）题为《中国上市公司高管声誉机制研究》的硕士论文中，通过实证得出了如下结论。"不同的所有制类型，其声誉机制的效果大相径庭，国有企业的上市公司中由于管理人员的薪酬受到国家的管控，代理人得到的正向的声誉激励不会提高货币薪酬，因此国企的代理人在声誉机制的博弈演化过程中不仅不会产生'节流'效果，反之会产生如寻租，败德行为等机会主义行为导致企业代理成本提高。"[184]该文所得结论符合本章所论证的在$b<\beta_2$情况下，代理人提高第一期的业绩不能改善委托人对代理人期望，声誉机制产生消极影响。反观民营控股企业，处于相比于国有企业更为健全的职业经理人市场，委托人对代理人的激励π_t不存在透明天花板现象，代理人第一期业绩的提高能够改善委托人期望，即$b>\beta_2$，故而可以提高管理者的积极性。

另外，针对本书中激励π_t，不同所有制下也会存在不同的含义，产生不同的激励效果。国有企业中代理人考核多是以"德、能、勤、绩、廉"为标准，考核内容分解为经营业绩、班子建设、维护稳定、可持续发展能力、核心竞争力、重大事项请示报告执行情况等若干项内容[185]。这样的考核标准体现了国有企业经营中需承担相当比重的公共职能，因此在这样的考核标准中代理人多是风险规避者。代理人因经营决策失误而对委托人期望产生的危害会远远高于第一期业绩带来的提高，因此代理人往往会过于保守，声誉机制多消极影响，在企业经营中造成潜在机会的损失。而在私人所有制企业中，考核多会以第一期业绩做参照指标，声誉机制激励作用较大。

5.2 博弈演化视角下国有企业机会主义行为的经验分析

5.2.1 初始委托人虚置加剧当事人利益不一致性

一方面，在国有企业的多重委托代理经营过程中，对于作为各级委托人的政府整体、国有资产管理机构以及国有专业投资公司而言，其各自所代表的整体利益与诉求是各不相同的。政府作为国家的代表考虑的是设立国有企业所带来的整体国家利益，如：弥补市场失灵的缺陷，调整、平衡与引导社会固定资产投资，保障与促进国民经济的持久稳定发展，满足社会大众公共消费需求等整体的宏观目标，并且这些目标基本上不都是以盈利为目的的。国有资产管理机构作为政府内设的专门机构则更多地关心国有资产投资的总量，国有资产投资的安全性，国有资产管理的便捷性，国有资产的保值性以及防止国有资产的流失等诉求内容。而国有专业投资公司则会更加关注国有资产的盈利性，重视国有资产的盈利率等核心利益诉求。由于这些不同委托主体之间的利益诉求的不同，并且依据经济学原理，只有初始委托人"全民"才享有国有企业的完整的"剩余索取权"，而其授权的下级委托人无论是国有资产管理机构还是国有专业投资公司作为受托人都不能享有国企的"剩余索取权"或者所享受的"剩余索取权"分成非常有限，容易导致在国有企业的多重委托中各级委托人的各利益主体由于自身利益的不同，特别是基于本部门的整体利益的追求而采取损害本级委托人利益的"机会主义"行为。

另一方面，除了前列各级委托主体之间的整体利益诉求不同以外，无论是对国务院国有资产管理机构还是国有专业投资公司而言，具体完成资产所有者委托及监管义务的，是这些单位所指定的某个执行者个人。这些个人的利益诉求与其所代表的单位利益存在着一定的不同，这就进一步加剧了国有企业多重委托代理关系中各利益主体之间的利益不一致的状况。

这些国有企业复杂代理关系中所产生不同利益差别的相关当事人,有明显"自利"倾向,会易于产生机会主义行为。

5.2.2 多目标导致有限理性与不确定性增长

第一,在20世纪末以"抓大放小"为特征的国有企业的改革与改制以后,当前我国剩余的国有企业多是以解决市场失灵和社会公平为目的,所形成的具有较大规模的大型国有企业。首先,国有企业的规模大,必然带来更多专业信息与知识,而这就使得国有企业的投资者对国有企业信息的掌握程度会有所下降,也就意味着国有企业所有者的相关情况与信息掌握程度会更为有限。其次,国有企业的多任务、多目标必然增加了国有企业投资人(委托人)对国有企业对多个目标任务之间依其各自的重要性进行准确排序的难度,进而也就增加了国有企业委托人在可供自身选择的几个决策之间选出最优选项的难度。这就是说国有企业的资产所有者作为委托人对国有企业的管理中的有限理性会表现得更突出。

第二,由于国有企业的财产属于全民(国家)所有,如前所述,除初始委托人"全民"以外的各级委托人和代理人都不享有剩余索取权或享有的相关分成非常有限,这就使得国有企业经营效益的好坏与利润率的高低与各级委托人之间并无密切的利害关系,这会限制各级委托人对国有企业经营状况认真了解的积极性与及时性,甚至出现国有企业上级委托人消极和懈怠地搜集了解国有企业经营状况的情形,这会进一步加剧国有企业所有人有限理性。

第三,国有企业规模大带来了其需要面对更大范围内的市场问题与风险,这就在客观上要求国有企业的经理人员在执行其代理行为对国有企业进行具体经营管理时,行为更具有临时性、随机性和针对性,即国有企业经理人经营管理活动中的行为的不确定性更为显著。这种国有企业资产所有者的有限理性和国有企业经理人的行为不确定性无疑会给机会主义行为留有可执行和操作的空间。

5.2.3 复杂委托代理加剧信息不对称对象

国有企业的复杂委托代理关系扩大了委托人与代理人之间的信息不对称。国有企业的复杂委托代理会使国有企业内部的信息不对称进一步加剧，加大委托人监管企业的成本，影响了国有企业的绩效。信息不对称（asymmetric information），是指在市场经济活动中，各类人员基于自身所处地位或专业、学识等因素对有关信息的了解是有差异的；掌握信息比较充分的人员，往往处于比较有利的地位，而信息贫乏的人员，则处于比较不利的地位，更容易被人欺诈、误导和利用等。信息不对称是委托代理关系下企业治理问题产生的前提，也是代理人在国有企业中实行"损人利己"的机会主义行为的重要基础，更是研究国有企业治理的核心。

国有企业的自身经营所具备的规模性特点以及由于资产全民所有所带来的多重委托代理关系下，多重与多个委托人与代理人的存在，以及由于其身份转换和各自的主观意志性会使得公共企业的信息不对称表现得更为突出（见图5-1，图5-2）。第一，无论目标是为了解决市场失灵的缺陷，还是为了促进社会公平地实现，都使得国有企业的规模往往巨大。特别是在我国20世纪"抓大放小""有进有退"的国有企业改革之后，国有企业规模大的这个特点表现得更为明显。伴随着企业规模的巨大，其本身就会比一般企业涉及更多的诸如上市、融资、招投标、财会筹划、跨国经营等专业性知识，使得国有企业的任何一级委托人个人，无论是基于视野，还是基于相关的知识与技能的掌握程度，都处于信息获知能力更为严重的弱势地位。第二，企业规模的扩大会使得企业内部的许多专业信息量无论是数量还是深度都呈几何级数扩张。如以财务信息为例，对国有企业由于规模巨大所带来的车载斗量的财务账目，面对不仅涉及国有企业对外，而且涉及对内与子公司、分公司与内部集团和其他辅助企业之间的关联交易等所带来的大量不同质财务数据，即使某级委托人本人就是财会出身拥有大量的相关专业知识，也会因为信息量太大，涉及种类、层面太多而难以把握,其信息不对称将难以得到根本性纠正。第三,国有企业初始委托人全民(国家)主体虚置与缺位的情况下,与各级委托人或代理人个人利害关系不大的情况下,会使得各级委托人在搜集和进行相关下级代理人有关信息向上传导过程中责任心不强,导致部分原来理应传导的信息遗失,使信息不对称加剧。第四,企业代理人在上级监管不严,责任心不强的情况下更容易基于个人利益的追求,产生进行信息隐藏或误导的动机,故意隐瞒或伪造一定的企业经营管理信息,再次加剧信息不对称的情况。

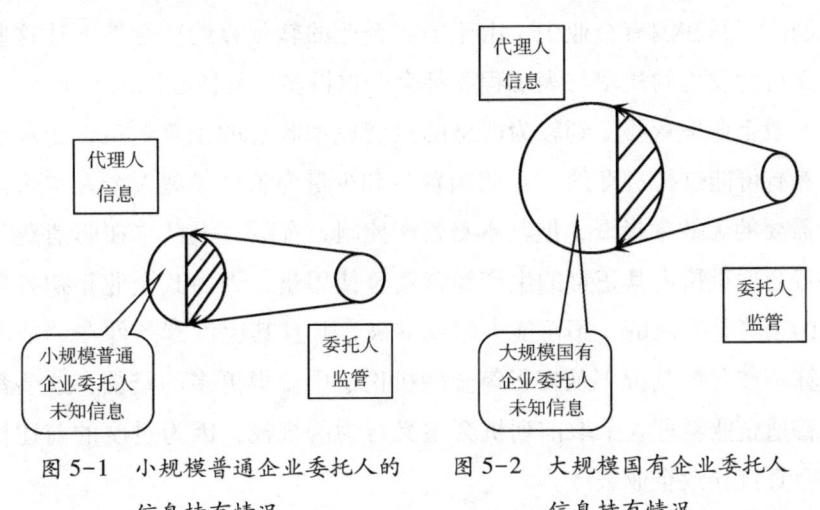

图 5-1 小规模普通企业委托人的信息持有情况　　图 5-2 大规模国有企业委托人信息持有情况

在国有企业中这里的机会主义行为者和被机会主义行为损害者就是国有企业的委托人和代理人双方。其中代理人可以成为机会主义者,对委托人实施机会主义行为,如企业的经营管理者通过隐瞒真实经营状况,侵吞和私分国有企业财产等,都会损害委托人利益;委托人也可以成为机会主义者对代理人实施机会主义行为,如国有资产管理机构或国有专业投资公司的具体委托事务执行人为了显示自己委托的收益(为了显示政绩,以利于自己提拔),故意向上隐瞒、过滤国有企业的真实经营信息,向上虚报利润或者强令企业不考虑未来发展与成本收益地向上上缴利润等。

5.2.4　软预算约束增加机会主义发生概率

如果说一般的企业中，虽然由于代理人（经理人）与委托人（投资人）之间的利益不一致以及代理人所拥有的信息不对称优势，代理人可能存在为了扩大个人收益而增加"在职消费"等提高其自身福利、热衷于"构建企业帝国"即盲目扩大其低效益的投资方案等机会主义行为等，但这些行为还会在相当大的程度上受到企业本身资本能力以及企业预算总额的限制。但是在国有企业中，由于国有企业的软预算约束会使上述这些机会主义行为发生的概率与表现程度都会严重得多。其核心原因如下：

一般企业毕竟要受到较为严格的投资成本收益的预算约束，企业经理人虽然有可能进行过度的"在职消费"和少量为满足经理人个人"帝国构建"需要的无效率投资，但其本身资产控制力有限。一旦"在职消费"过高，就会严重挤占其正常的生产经营资金使用量，因为其企业年初各项经营中的预算是有限的，不可能大幅度突破，并且其也没有条件在"成本收益核算不佳"的情况下从银行等金融机构手中获得更多的贷款，这些都会限制普通企业经理人采取前列机会主义行为的规模，因为过度的前述机会行为会直接导致企业破产。

在国有企业中，却存在严重的预算软约束现象。其表现在：一方面企业资产来源于国家，国有企业的设立具有多目标、多任务的特点，其设立的目的是解决市场失灵和实现社会公平等，这导致国有企业不完全以成本收益率等货币性指标进行衡量，使得公共企业的监管缺乏统一尺度与衡量标准，难以有效监管。在一般企业的委托代理关系中，由于委托人对代理人的行为结果一般可以用货币尺度来检验，从而获取代理人行为的有关信息，而在许多国有企业生产的公共商品市场上，由于无法对公共商品和服务进行外部市场定价，因而对决策者和执行者的行为结果无法进行货币化衡量，无法掌握真实的可度量的信息，对他们的激励和约束也缺乏一般性的标准和依据[177]。这为企业经理人因为过度的"在职消费"和"帝国构建"等机会主义行为提供了借口和生存空间。另一方面，国有企业因为前述特性又往往不存在因为投入大于产出，成本大于收益以至于最终不能清偿到期债务而致破产的可能性或者破产概率要小得多，甚至因为国有企业的特性，导致其在我国的国有银行贷款和还款上还具有特殊的优势，既不担心在收益不佳时贷不到款，也不担心在不能及时还贷时被追债导致的破产。这些都会在客观上放大代理人机会主义行为的实施的可能性与严重程度。

5.2.5 多重委托中的多重身份更易诱发机会主义行为

与一般企业中委托人与代理人都是以盈利为目的的市场人不同。国有企业的多重委托代理关系中，除了初始委托人以外，包含政府、国有资产管理部门、国有专业投资公司在内的各级委托人（是上级代理人）均具有行政属性与行政身份，甚至直至今日，作为终极代理人的国有企业的经理人也大都仍然有行政级别和行政身份，这些导致其某种程度上行事具有政府工作人员的某些特点。而上述这些具有行政身份与属性的人就必然在国有企业的经营管理中带来一些行政人员在治理中所特有的问题，加大各级委托代理双方当事人的逆向选择与败德行为等问题的发生概率，其具体表现如下：

①绩效管理性质的模糊性——即多目标使得对各级委托人委托时的要求不统一、不明确。代理人工作的完成状况与绩效缺乏统一的考核尺度标准，为代理人的进行偷懒、搭便车、共谋等机会主义行为提供了空间。

②绩效管理导向的短期性——由于行政官员的任期制、年度考核方法以及升级竞争压力，以及一旦升职后可获得好处以及不必为自己前期过度投入或恶行负责的国有企业生态，使得各级委托人或代理人急于在短期之内出成效（政绩），所以不顾国有企业的长久发展利益而采取竭泽而渔、财务虚报等机会主义行为成了低成本高收益的优化选择；或者与之相反，对于明显能为国有企业带来长远效益的创新与投资，由于考虑到自身的任

期内只是显示投资，承担风险，而最终的获益却与己无关，所以选择不投资、不创新的保守经营，以避免"前人栽树，后人乘凉"。

③绩效评价主体的单一性——虽然在国有企业中存在着上至初始委托人，下至最终消费者——社会公众与职工，中间至本级委托人的多重委托关系，但行政部门的本级行政首长负责制，这一行政升迁体制导致有权决定代理人能否获得行政升职的是本级领导（委托人）。由于越级的上级委托人（领导）和广大社会公众消费者并不能决定甚至评价该代理人的工作，会使得代理人在代理时更多地关注本级领导的利益与需求，一方面其如果能够利用信息不对称优势隐藏信息和行动，瞒过本级委托人即可，另一方面，其先天性的有为了本级委托人（领导人的个人利益）与其共谋不惜损害初始委托人（国家与全民）利益的倾向，如国有企业多见的为了领导的政绩而盲目进行无效益的重复投资，以不顾企业的经营状况和企业积累的要求进行大宗行政捐助等问题。

④绩效管理过程的封闭性——虽然现代行政的目标要求公开化、透明化、法治化，强调要将权力关到笼子里，但是我国几千年的官本位权力使用惯性使得我国各级官员习惯于"天威难测""大权独揽"的上级对下级管理，而这种不透明除了增加了委托代理上下级之间的信息不对称的情形之外，更使得中间其他职能部门本应发挥作用的协助、监管作用虚置化，导致逆向选择与败德行为更难被发现。

⑤绩效评价标准的主观性等，行政管理体制上的"唯首长意志制""行政管理不透明""国有企业多任务目标"以及"信息不对称"等组合在一起导致在国有企业的多重委托代理中上级委托人（行政官员）在评价下级代理人的工作效果时具有很大的主观性甚至是随意性，所谓（领导）"说你行，你就行，不行也行；说不行，就不行，行也不行"，这就增加了代理人或者进行逆向选择欺瞒委托人，或者进行行贿买通，以俘获委托人等机会主义行为的可能。而所有这些都会加重国有企业委托代理中机会主义行为的出现和危害。

5.2.6 委托人监管不严降低机会主义行为成本

一方面,由于产权的原因所致的国有企业初始委托人虚置,无论是政府、政府授权的国有资产管理机构、还是国有投资控股公司,都分别作为本级委托代理关系的委托人和上级委托代理关系中的代理人,一方面其本身不可能真正享有企业的剩余索取权。另一方面对代表政府或其某个部门具体执行事务的人而言,其个人利益又可能会与本机构的利益存在着一定差异,这就使得各级委托人对于其委托的下级代理人的监管动机不足,责任心不强,进而使得在国有企业中,除国家(全民)这一虚拟的委托人以外的各级委托人对国有企业国有资产的监管力度不足,缺乏对国有企业资产运营与经营管理状况监管的积极性与主动性。

进一步,结合国有企业的复杂委托代理条件下国有企业的实际来看:国有投资主体的虚置与缺位导致其监管虚化,全民中的每个公民个体因没有"剩余索取权"不愿意监管国有企业,也没有条件与能力监管企业,各级委托人同样因为没有"剩余索取权"且"无直接利害关系"而监管不力,易被下级俘获和共谋;国有企业的经营管理者因为个人利益与企业利益的不一致,往往存在败德风险与逆向选择,损害企业利益;国有企业的职工虽然理论上有"监管"国有企业的动机,但是一方面其职位的存续与否直接由企业经理人员决定,其"监管"的结果是可能导致其失业,而另一方面国有企业的公共性使得即使该类企业因治理不善所致亏损严重,国家也一般不会让其破产,也就意味着其不存在"失业"的风险。加之国有企业往往会通过给内部职工发高工资、福利以挤占向国家上缴的形式使职工成为内部人控制的同谋与共同获利者,这些都会使得国有企业的职工也没有监管的主动性;而社会公众虽然基于自身的公共物品与服务的需求有一定的监管意愿,但现行法律制度却没有明确地给予其监管的权力与公众监管者选择、监管过程中机会成本损失的经济补偿等相应程序性法律制度的保障,导致其监管亦不现实。所有这一切都会使得国有企业的监管者监管不力。

5.2.7 公有产权增强了机会主义利益的易得性

为了验证一下公、私产权的不同对机会主义行为种类选择与发生比率有无关联性,笔者根据新闻媒体进行搜集,利用相应知名搜索引擎所得的数据去统计,将不同的公、私财产权组织下,机会主义行为及其发生概率的不同状况,进行相应地比较分析。笔者此次在百度中文搜索引擎上进行有关企业机会主义常见关键字的新闻网页检索,一定程度上反映出社会对该行为的关注程度,并从反面反映出企业所有制形式对机会主义行为的影响程度与概率如何,有利于我们在最简单的层次统计发现一些问题①。

表 5-1　概括性关键字搜索(经理人+行为)数据汇总　单位:个

关键字	经理人偷懒	磨洋工	浪费	滥用权力	合谋
检索结果	168	11	564	1 270	249
关键字	串谋	隐瞒	欺骗	搭便车	敲竹杠
检索结果	14	926	789	63	3
关键字	贪污	职务侵占	短期行为	混淆	误导
检索结果	6 070	712	332	241	189

---

① 为了便于将企业的机会主义行为与市场交易中的机会主义行为、百姓生活中机会主义行为区分开来,笔者此次使用在"百度新闻"采用了以"经理人+行为"为关键字对全国各类企业(含国有企业)的机会主义典型行为涉及的网页进行了简单检索。并且为了保证尽量不存在疏漏,除本书前面分析过的 10 种最典型的机会主义行为以外,笔者还将与其最相类似的 5 种关键词(如合谋与串谋、偷懒与磨洋工等)也列入了搜索范围。鉴于在搜索国有企业之时,一旦将"国有企业"四个字作为关键词根叠加输入,会使得检索词长超越了百度惯常的搜索长度,进而使得结果没有准确性,所以采取了简称"国企+行为"的方式,对全国的国有企业机会主义行为进行了检索。为了保证及时性,最新一次检索日期为 2017 年 9 月 22 日。

表 5-2　详细以"国企经理人+行为"限定词的搜索数据汇总　　　单位：个

关键字	经理人偷懒	磨洋工	浪费	滥用权力	合谋
检索结果	9	1	19	303	10
关键字	串谋	隐瞒	欺骗	搭便车	敲竹杠
检索结果	2	245	146	1	2
关键字	贪污	职务侵占	短期行为	混淆	误导
检索结果	547	197	1040	5	8

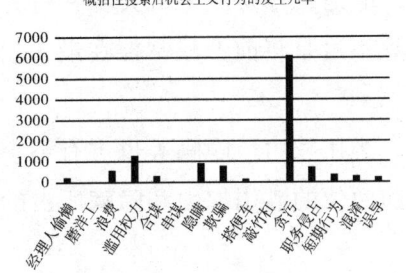

图 5-3　概括搜索机会主义
行为发生概率

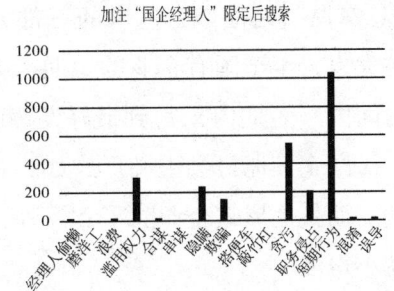

图 5-4　国企限定后搜索机会主义
行为发生概率

两种搜索方式的结果大多有 10 倍以上的差距，是因为普通概括性检索还会涉及市场交易和企业管理中的机会主义行为，并且主体也不限定于国企，私营、其他经济形式都包含，且从数量上说，这类企业在数量上会远超国有企业。而一旦使用"国企"的限定词后其就基本被限定在了国企生产经营的活动中，与私营经济与市场交易关系不大了。从而其搜索所得数据可参考性更高。

通过上述两表数据，结合上面简单的柱形图分析，笔者可以得出如下简单结论：

①从图 5-3、图 5-4 可知，各所有制企业出现的机会主义行为形式，在整体排序上既具有共通性，还具有差别性。如：不论何种企业形式，贪

污都是很重要的机会主义行为，对于所有企业的综合搜索结果是贪污的（新闻关注度和影响力）占比第一，国有企业中贪污占比第二，表明"经理人"对经济利益的追求是不分企业所有制形式的。

②国有企业中占比（新闻关注度和影响力）第一的机会主义行为是短期行为，这可能与国企经理人任期制等对经理人影响更大有关。

③其他形式企业排名前三的机会主义行为是贪污、滥用权力和隐瞒；国有企业排名前三的机会主义形式是短期行为、贪污和滥用权力，第四位仍是隐瞒。表明对一个经理人个人来说，"经济利益""权力掌控"以及"信息掌握"是他最为追求的三件大事，也是最容易产生机会主义行为的三件大事，至于国有企业的短期行为，只不过是将前三权掌控在最大限度的时间内（短期内）得到最好发挥而已。

④国企其他机会主义形式如：贪污、滥用权力、隐瞒等也占有不小的比例。而其他形式企业除了贪污外，占前两位的滥用权力和隐瞒所占的比例就小得多。

综上所述，公有产权增强了利益的可得性，从而更容易诱发机会主义行为。

5.3 本章小结

本章基于博弈论和演化经济学的视角，构建了分析国有企业机会主义行为产生的理论模型，并以"理性经济人"和"利己主义"为出发点，从博弈演化的角度分析了国有企业委托人和代理人之间存在着的信息不对称以及利益不对称的行为模式，对国有企业中存在着的影响委托代理机制设计的激励设计、时间约束、预算约束、效益控制等因素进行了重点分析，并推导出其在行为结果中所发生的作用。在此基础上，结合我国国有企业中机会主义行为的表现形式及其在不同的委托代理机制下的行为特征，结合第三章中对我国国有企业中不同委托代理机制设计下的机会主义行为表现的特征，对我国国有企业中机会主义行为产生的原因及其作用路径进行了深入的探讨和解析，为在进一步的国有企业治理框架中对机会主义行为的治理提供指导路线。

第六章

国有企业经营中机会主义行为的治理体系与机制

6.1 国有企业机会主义行为的治理体系

6.1.1 治理体系构建的必要性

1. 全球视角：市场失灵——政府失灵——治理崛起[178]

机会主义行为已经成为造成当前世界各国许多国有企业绩效不佳与管理不力的一个重要原因。在二战开始以前，或者更确切地说是在20世纪30年代由美国引爆的世界经济危机爆发以前，西方经济学的主流观点是市场万能，对资源、市场、交易等均靠"无形之手"去自发调节。但是经济危机和二战的爆发，使得人们开始对市场万能产生了怀疑，以凯恩斯为首的西方经济学者们则是开始重视"市场失灵"的问题。经济学家和各国政府开始尝试着以"组织手段"和"政府干预"结合的方式（即国有企业）去解决市场失灵的问题。所以二战结束之后，以英国为首的西方国家，纷纷在关系国计民生、具有公共性的产业、行业里建立起国有企业，以力争

---

① 马海龙. 区域治理体系构建研究 [J]. 北方观察, 2009 (6): 36-38.

能够达到弥补失灵的缺陷,促进社会公平实现之目的。

但是经历了三十多年的国有企业发展之后,西方又发现"政府干预"也不是万能的,国有企业先天性的产权虚置所导致的如激励约束不足、机会主义频发、管理体系复杂、交易成本巨大等问题,开始严重地影响着国有企业的绩效,使得再次出现了"政府失灵"。特别是国有企业在委托代理关系下常见的机会主义行为频发的问题,严重地影响着各国国有企业绩效与管理效果,甚至于以英国为首的许多发达国家,又纷纷地于20世纪70年代末开始,试图通过"私有化"国有企业,来解决企业绩效不佳与机会主义横行的问题。但是有意思的是,伴随着现代市场经济国家上市公司股权的日益分散和社会财富的证券化,由于股权的大规模分散,带来了企业经营者得以掌握企业控制权,并有条件更容易地损害企业股东(委托人)利益的机会主义行为问题,使得这些上市公司成为类似于国有企业的存在,其产生的问题也类似于历史上的国有企业。美国安然的倒闭,通用的破产都向我们展示了当今世界机会主义行为问题的严重性和巨大危害性。这使得对于这种"具有国有企业类似性"的上市公司的机会主义行为问题研究,更需要我们去深入探索,并以新的手段去解决。

在这种情况下,以治理为核心的这种新式调控秩序、配置资源、解决问题的调节机制就日渐显现在我们的视野里,作为一种既重视政府作用和功能的发挥,又强调社会多元主体共同参与、共同协调、共同管理,且相互配合的新管理理念和机制。"治理"已经在西方日受重视并开始迅速被我国学界和政府引入并推崇起来,对机会主义行为这一类国有企业的"老大难"问题的治理研究,其重要性与必要性也就开始日益为人们所重视。

2. 中国视野:政府失灵——市场失灵——急需治理

与西方不同,我国20世纪70年代末的改革开放以前,因为实行计划经济体制和严格的公有制,所以我们是"政府万能"。但是部分的国有企业同样由于产权不明晰,激励约束不足,管理混乱等原因,导致机会主义行为横行。特别是在"偷懒""磨洋工"这类以消极方式实施的机会主义行为表现得尤其明显，严重影响了我国国有企业的绩效。政府由于受自身性质、精力、能力等方面的限制，无法解决这一问题，导致"政府失灵"。作为我国最核心的解决办法就是引入市场的手段，发挥市场的作用去配置资源、理顺关系、解决问题（包括机会主义）。但是由于国有企业至今仍在我国具有无比重要的地位和意义，而部分国有企业的机会主义行为频发的顽疾又始终得不到解决，已经严重影响到了国有企业的绩效，甚至于我国国民经济的发展，所以急需去研究解决。而能否像西方那样靠引入治理机制的办法，尝试解决国有企业机会主义行为的问题，急需我们去深入思考。

6.1.2 治理体系构建的可行性

1. 发展趋势：资源配置——提高绩效——降低费用

经济学的核心是在研究如何对稀缺的资源进行有效的配置问题。在传统古典西方经济学者通过提高绩效来促进资源配置研究的基础上，以科斯（Coase，1937）[2]为代表的新制度经济学者们开始通过"降低交易费用"的视角去研究如何提升资源配置的效率问题，其中的威廉姆森（Williamson，1985）[3]更是明确地将"具有损人利己特征"的机会主义行为作为影响交易费用核心因素中"人的因素"之一[7]，值得我们去深入的进行体系化、机制化地研究。

2. 条件初具：理论建立——实践急需——意义重大

现有国内外有关机会主义行为理论的研究日渐丰富且渐成热点。实践中国有企业的机会主义问题又因为产权、规模、产业、行为选择、内部组织管理体系以及历史遗留问题等方面的原因，在我国表现得十分普遍和严重，亟待我们去深入研究。在我国国有企业本身地位重要、意义重大的基础上，研究国有企业机会主义的治理问题不仅重要，而且急需。并且这种研究也符合国内外经济学研究从资源、到市场再到行为的经济学研究发展趋势。

6.1.3 治理的目标

要解决国有企业在复杂委托代理经营过程中所出现的各种机会主义行为问题,核心是要减轻或是消除国有企业内部委托代理中的"信息不对称"和"利益不对等"问题,因为机会主义行为的另外几个诱因是利益(效用)不一致,或是合同不完备,抑或是当事人有限理性和行为不确定性,其都是客观的,难以做出根本性改变。因为,市场经济的复杂性和人们自身知识、专业以及能力的有限性就决定了人们行为的不确定性以及有限理性是不可能解决的,而这两点同样决定了在该情况下以国有企业名义签署的委托代理协议由于其本身的长期性而不可能面面俱到地均预先设定好。这就使得合同的不完备性亦不可能克服。

所以,我们只能想办法通过影响信息不对称,加强利益与约束相兼容的制度、强化奖惩使机会主义行为人实行机会主义行为的利益落空或尽量减少。只有这样,才能促使机会主义行为人尽量遏制其投机的欲望,自觉减少机会主义行为的实施。这就要求我们所设立的制度要同时符合三大目标,即通过激励机制诱导代理人的行为符合委托人的利益与预期,通过惩罚机制避免代理人为其个人私利,从事损害委托人利益的前述投机行为、逆向选择以及败德行为等违反代理人义务的行为(以下简称机会主义行为)等。这也是建立国有企业委托代理经营中机会主义行为治理体系所必须遵行的三大治理目标。

1. 缓解信息不对称

现代经济已经证明了:人们由于自身的知识、能力、精力以及时间、地域的限制,使得其不可能事先将交易对手的全部信息予以充分掌握,更不可能随时监督、监管、检验代理人的具体企业经营行为。因此,这些就导致了信息不对称永远无法消除。

但这绝不意味着信息不对称就没有办法消减了。国内外已有大量的立法与司法实践证明,人们通过有力的制度设计,如通过扩展委托人的信息来源，通过制度强制代理人定期公开相关数据，引入社会第三方参与监管或数据搜集等办法，都可以达到有效地减少和削弱信息不对称的目的。伴随着信息不对称的缓解，机会主义行为人再实施机会主义行为而不被委托人发现的可能性就会大大减少，而随之而来的惩罚措施会使他有可能基于经济学成本收益的考虑而主动放弃该行为。

2. 激励代理人守约

基于经济人的自利假设，我们每个人都在追求个人利益的最大化。机会主义行为人之所以会实行机会主义行为，根本原因就是通过该行为可以得到超出原本所能得到的利益（效用），并且可以保持这个效用。通过激励机制，给诚信的代理人更多的劳动薪酬，甚至是奖励（如股权等），就可以尽可能在利益（效用）上对经理人的辛苦付出给予一定的补偿，同时通过股权奖励等方式还能想办法将企业（委托人）的利益与经理人（代理人）的利益结合起来，使得代理人在为委托人牟利付出时也能使自己的利益最大化，这就可以有效地避免和预防机会主义行为的发生。

3. 惩罚代理人违约

有奖就要有惩，就好像有收益必有成本支出，有权利必有义务一样。由于企业委托代理关系本身的性质决定了企业委托人不可能将全部的收益拿来奖励给代理人，委托人还需要享受其资本的应有租金回报。而这就决定了代理人通过努力为企业所创造的一部分利润所得一定是会交付给委托人（企业）的，即代理人不可能得到其努力付出所得到的全部收益。这就先天性地决定了代理人有把这部分上缴的收益收归已有——侵占（机会主义）行为的冲动。为了解决这一问题，只能靠建立强有力的惩罚机制，来阻止代理人损害委托人利益的机会主义行为。否则，代理人的机会主义行为一旦被发现，会被追究非常严重的责任，得不偿失，这就会使得代理人主动放弃其从事机会主义行为的欲望。

6.1.4 治理体系构建的原则

1. 以企为本

研究国有企业委托代理经营中的机会主义问题，本身就是为了节约国有企业的交易成本，提高国有企业的绩效。所以，有关国有企业机会主义的一切研究都应以避免机会主义行为的发生概率，节约国有企业机会主义行为的防治成本为出发点和着眼点，一切以企业所需为本。

2. 经济合理

经济学研究的目的是合理地配置资源，提高效率，企业作为一个参与市场交易并能替代部分市场交易的一体化组织，本身就是以盈利为最核心目的。虽然国有企业设立的目的与本身性质的特征并不强调以盈利为唯一目标，但是包括国有企业机会主义行为在内的研究，在本质上还是应当符合成本收益的一般原理，在经济上合理是我们研究的最基础性的原则要求。

3. 预防优先

机会主义行为的问题造成国有企业的损害已经是不言自明的真理了。但是另一个真理是从管理学的角度分析，我们会发现事后补救的成本支出要远远大于事前预防，从节约企业治理成本、理顺企业经营管理关系的角度，我们强调预防优先就是一个理性经济人的最基本选择，其也应该成为我们研究机会主义问题的基本原则。

4. 防治结合

防患于未然固然很好，但是对于已经发生的国有企业机会主义行为来说，我们当然要想办法立即制止，避免机会主义行为的持续存在给国有企业造成新的持续性伤害。这也是对于国有企业的机会主义行为研究而言，如何当期止损是一个最为迫切的和最具现实价值的问题，急需我们解决的问题。而由此带来的防治结合也就当然成为我们构建国有企业机会主义治理体系的基本原则之一。

5. 全纳多元

在本书前面研究机会主义治理体系的重要性和必要性时我们已经分析了。之所以"治理体系"的研究在国内外迅速火热，一个很重要的原因是无论是政府失灵，还是市场失灵，两者都有其自身的先天性缺陷。而通过国有企业机会主义行为治理体系的研究，我们一方面可以发挥政府的作用，另一方面，可以引入社会组织和第三方公民的才智力量，这才能够发挥国有企业机会主义行为治理的最优效果。要实现这个目标的前提就是要发挥各种机会主义利害关系人和参与主体的力量。这就要求我们以全纳多元为研究原则。

6. 依法治理

研究机会主义行为的治理必须有据可循，有法可依。这样才能使我们研究更有针对性现实意义，不会触碰红线。这也是我们研究机会主义行为的行为边界和基础依据。研究国有企业机会主义行为的治理问题，为了发挥长效、持久的作用，最终要靠我们建立一整套制度体系，而所有的制度构建的基础都是法律，就是依法治理，所以其也就当然成为我们的治理原则之一。

7. 注重时效

研究的目的是为了解决现实存在的问题，而不注重时代的发展给机会主义行为带来的新特征、新变化，我们就很难切实把握如何降低机会主义行为的发生概率，防止和减少机会主义行为问题的产生，更不要说我们去建立相应的治理体系了。所以注重时效，解决现实问题，尽快解决现实问题始终会是人们研究的原则和重点之一。

6.1.5 治理体系构建的框架

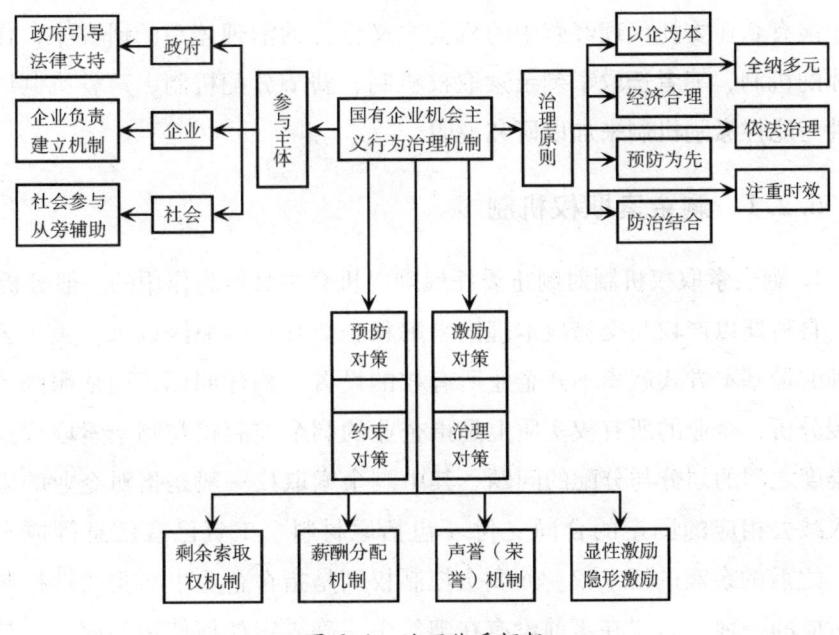

图 6-1 治理体系框架

6.2 建立国有企业机会主义行为治理机制

　　解决国有企业复杂委托代理关系所带来的更为严重的委托代理问题，预防机会主义行为地出现的根本方法有两个：治标的方法是降低甚至解除委托人与代理人之间的信息不对称状态，使得代理人难以从事各种败德的机会主义行为。而治本的方法是解决激励与约束兼容的问题，通过激励与约束机制使得代理人主动地去抑制自身的机会主义行为倾向，使自己的利益与委托人的利益尽可能地一致起来，通过追求委托人（企业）的利益最大化过程来实现代理人自身的利益最大化。其中最重要的激励与约束机制包括剩余索取权机制、薪酬分配机制、市场声誉（信誉）机制，以及其他显示或隐性激励机制等。当前主流的治理机制设计还是通过激励与约束机制来实现公司治理体系建设的目标，笔者在这里也是借鉴这种方法将其应用于国有企业委托代理经营中的机会主义行为的治理体系的研究中，作为具体的机制，笔者选取了剩余索取权机制、薪酬分配机制、声誉机制以及显性与隐性激励机制来加以研究说明。

6.2.1 剩余索取权机制

1. 剩余索取权机制对制止委托代理中机会主义行为作用的一般分析

自科斯以产权与交易成本理论来解释企业存在的原因以来，关于公司治理的最基本方式就离不开企业所有权的设置与构建问题，而依照张维迎教授分析，企业的所有权实质上是指企业的剩余控制权与剩余索取权这两个维度之间的划分与分配的问题。其中剩余索取权一般是指对企业的固定收入减去相应的固定的合同支付（包括原材料、工资已有信息等成本支出）之后的余额的要求权。而剩余控制权则是指在企业中与契约性控制权相对应的一种，即"在事前没有在契约中明确界定如何使用的权力，是决定资产在最终契约所限定的特殊用途之外如何被使用的权力"[179]。

依据现代企业理论，拥有剩余索取权的主体也应当同时拥有剩余控制权（Milgrom & Robert，1994）[180]。因为在企业的经营活动过程中，拥有剩余索取权的所有者最终能够得到多少剩余，是决定于企业的经营管理者的经营行为（即对剩余控制权的行使）。但是按照传统的企业委托代理理论，由于投资人是企业的财产所有者，其作为委托人同时也是企业经营风险的最终承担者，基于"资本雇用劳动"的理论与职业经理人（代理人）达成协议，委托企业经理人为了投资人的利益进行相应的企业经营管理工作，由投资人向经理人支付报酬，同时企业投资人享受企业的全部剩余索取权。现代企业中，由于企业经营的长期性，市场经营活动的复杂性，以及企业经理人在前述情况下导致的行为不确定性，使得事前委托人与代理人达成的委托契约一定是不完备合同，拥有剩余索取权的委托人因为无法预估企业经理人经营活动可能会遇到的各种情况，为了便于及时决策，就使得客观上要求企业委托人要授予企业经理人在合同约定以外相机决策（即管理企业事务的剩余控制权），这就使企业的剩余索取权与剩余控制权之间开始出现两权分离。而伴随着两权分离，一方面由于企业经理人经营企业的最终后果与风险由企业财产所有者（委托人）来承担的，即企业经理人不必为自己行使剩余控制权中的决策与冒险承担责任，也不必为企业中过度的消费支出来"个人支付"，再加上企业经营管理过程中双方当事人之间的"效用不一致"和"信息不对称"，就很容易诱使企业经理人采取各种以损害剩余索取权人（委托人）利益，谋取自身（剩余控制权人和代理人）利益为目的的机会主义行为，如：为了追求管理者个人利益与满足的最大化而非企业价值的最大化，故而盲目地进行投资，构建企业帝国；为了使剩余控制权所有者（管理者）个人的效用得到最大化满足，而过度地进行在职消费，扩大不必要的奢侈成本支出，损害剩余索取权拥有者（委托人）的利益等，可以说这些机会主义行为的产生与剩余索取权与剩余控制权在传统委托代理关系下的分配不佳有着直接的联系。

为了解决前述委托代理中容易出现的企业经理人（代理人）损害企业资产所有者（委托人）利益的问题，将剩余索取权部分授予对企业拥有剩余控制权的人，是一个比较可行的治理方法，特别是其有利于解决国有企业委托代理经营中由于合同不完备、行为不确定、信息不对称以及激励与约束不兼容所导致的代理人、甚至是委托人的机会主义行为问题。通过将一定的剩余索取权分配给掌握着企业剩余控制权人（实质是经理人/代理人）的机制，就会鼓励剩余控制权人（代理人）为了实现其个人的剩余索取权分成而最大限度地为委托人利益服务之目的，从而激励企业经理人员最大限度地谋取企业利益与价值的最大化，从而解决了传统委托代理中常见的委托人与代理人之间利益不一致问题，这也就意味从前提的角度解决了公司的委托代理问题，解决了代理人可能为了自身的利益损害委托人利益的问题，这就是剩余索取权机制，基于相同于委托代理问题的解决方式，运用剩余索取权机制，通过分配一定的剩余索取权给拥有剩余控制权的代理人，可以有力解决代理人为了自身的利益损害委托人利益的机会主义行为产生之问题。

为了利用剩余索取权机制促进解决国有企业委托代理经营中的机会主义问题，我们还需要考虑企业经理人作为剩余控制权人应当拥有多少剩余索取权才能促使其利益与委托人（股东）一致，代理人与作为企业财产所有者的企业投资人应当如何分配企业的剩余索取权的问题。能否将企业的大部分剩余索取权分配给企业经理人这一掌握企业剩余控制权的人？投资人与经理人相互之间对剩余索取权的分配比例与控制界限何在？这些是我们当前讨论剩余索取权机制作为解决国有企业委托代理经营中的机会主义问题和治理的核心所在。

2. 剩余索取权机制在普通企业中作用的一般机理与模型证明

首先，能否依据前列现代企业理论，将全部的企业剩余索取权都交付给拥有企业剩余控制权的人（经理人）。实际上这是不可能的，这是因为依据"理性经济人"假设，每个人从事一项经济活动的目的都是为了追求自身利益的最大化，而如果将全部的企业剩余索取权都交给企业经理人，会使企业投资人对企业投资变成纯粹性的成本支付和义务承担（类似于无息贷款），对以追求利益为目的的理性投资人没有任何意义，并且前述行为比无息贷款还要严重的是，由于企业成立之初的资产是由投资人提供的，而市场经营本身就存在风险，一旦经营不善，投资人就会面临投资亏损的风险，作为承担了企业投资风险的企业资产所有者却没有剩余索取权作为对应的激励措施，这必然会使投资人失去了对企业投资的兴趣从而放弃投资。基于"资本雇佣劳动"的原理，如果没有出资人（股东）提供企业生产经营所需的财产和生产经营的场所条件等硬件设施，企业经理人具有再多的企业家才能也无法发挥其经营企业的特长，即使将企业家才能作为一种"人力资本"也同样会因为没有"物质资本"配套而无法发挥作用，亦即企业经理人不能通过经营企业来获取自身的利益，也就是我们俗语所说的"巧妇难为无米之炊"。虽然企业经理人拥有企业的"剩余控制权",但不可否认的是,这种剩余控制权是指在市场经营纷繁复杂,"合同不完备"以及企业经理人"行为不确定"的情形下才授予企业经理人作为代理人的一种"补充性"的"临机决断权",对于企业的经营管理活动而言,更为重要的是委托人与代理人所达成的委托代理契约中均规定财产所有者享有的"选择企业的经营管理者""参与重大的生产经营决策"以及"参与分红与补亏"等重大企业经营事项的控制权,这些控制权是依据当今世界各市场经济国家的公司法所普遍授予给企业投资人(股东)的权力,这种企业重大事务的控制权,较前列企业"剩余控制权"要重要得多,稳定得多,拥有这种控制权的企业财产所有者也理所当然地要享有企业的"剩余索取权"作为其成本支出、事务执行与义务履行的激励与对价。

其次,企业经理人的企业剩余索取权获取份额亦应达到足以诱使其放弃机会主义行为,从而恪尽职守地为委托人利益服务之状态。

最后,委托人参与企业剩余索取权的分配应大于投资人对企业的委托及监管成本支出以及其正常的投资利润预期(假设与其委托与监管成本支出比例相同),否则委托人就不会选择向企业投资而是将前列资本直接用于银行存款或其他商业借贷了。

3. 剩余索取权机制对国有企业预防机会主义行为的作用与模型证明

与普通企业中只有代理人因为存在着剩余控制权与剩余索取权的不同归属所导致的机会主义倾向不同,国有企业我们前文分析过了由于初始主体〔全民(国家)〕的虚置,包含多重、多头、集体与多任务委托等复杂委托代理情况,导致国有企业委托代理经营中产生了更为特殊、复杂和严重的机会主义行为。所以针对这些情况从剩余索取权机制的视角对机会主义行为的预防与治理的理论与模型也相对复杂一些。表现在:

国有企业除了初始委托人以外的各级委托人均因不享有剩余索取权,亦存在着从事机会主义行为的可能性。本书前面分析过了由于国有企业的资产来源于全民（国家），而作为初始委托人，无论是全民还是国家，都是一个相对虚置的主体，难以切实地行使对国有企业的资产所有权和监督管理权，所以其上述投资人权利只能向下分级委托政府（国有资产管理机构）以及国有专业投资公司代为行使。在这一过程中，除了全民（国家）外任何一级的委托人都兼具委托人和上级代理人的两重身份，都不具备完全的剩余索取权。这使得国有企业的前列委托人不会像普通企业的投资人那样，去尽心尽职地完成委托人的投资委托与监管经理人的义务。这一方面使得国有企业容易产生委托人的"偷懒、怠职"等机会主义行为，另一方面由于初始投资主体虚置导致的监管缺位，各下级委托人监管不力、监管怠职，以及由于代表各级委托机构执行具体委托事务的个体的自身效用需求存在，使得这些下级委托人也更容易被其当级代理人所俘获，采取共谋、欺诈、误导等方式损害初始委托人（全民/国家）的利益。同时，由于国有企业往往规模巨大，资产众多，在委托人监管不严，惩罚不力的情况下，代理人也更容易利用自身的信息优势进行欺诈、混淆以及误导等主动实施机会主义行为的方式，去直接实施侵吞国有企业的收益，侵占国有企业资产等机会主义行为。另外，针对国有企业中存在的多头委托、多任务委托以及集体委托之前的内容协商与协调过程，国有企业的经理人作为拥有最终企业经营的信息不对称优势和企业剩余控制权的一方，还可以采取"挑唆、误导""合纵、连衡""针对性信息过滤、筛选"等机会主义的行为方式实现损害委托人利益，谋取代理人最大化效用之目的。

针对前列国有企业特殊和复杂的机会主义行为，能否通过剩余索取权机制来预防或减少委托人或代理人机会主义行为的发生，达到国有企业治理的目的，也是我们需要考虑的问题。尤其是如何设置剩余索取权机制，各级委托人与代理人之间剩余索取权分配上有何特殊之处，是值得我们用模型数据去推导的。

首先，除了国有企业的初始委托人以外，其余各级委托人都是以一个组织机构的整体名义出现的，如国有资产管理机构和国有专业投资公司等，但代表这些机构对国有企业具体执行委托与监管义务的是前列机构所指定的某个具体事务执行者个人。这些事务执行人一方面有其所代表的委托人组织的利益，另一方面又有其个人的效用需求，两者之间存在着不一致性。同时，这些个人又同时具有政府官员的行政身份，有其行政级别与职位上的晋升需求，并且这些个人在执行委托事务之时往往仅能获得国家固定的工资，而不能从企业的剩余索取权中得到分成，使得其先天性怠职与共谋等机会主义行为的倾向更为严重。

假设某国有企业的总资产规模是 1 亿，其经过了全民（国家）——政府（国有资产管理机构）——国有专业投资公司——国有企业经理人的三级委托。国有资产管理机构的委托事务执行人的固定工资是一个常数 a（$20\,000 \geqslant a \geqslant 5\,000$），国有专业投资公司的事务执行人的固定工资是一个常数 b（$100\,000 \geqslant b \geqslant 5\,000$），此外特殊情况下国有专业投资公司的执行人如果是从社会上公开招聘的，没有公职还可以享有份额很少的国有企业收益利益奖酬（一般远少于国有企业的经理人）。

情况 1：国有委托人其固定工资为 10 000 元，其尽职尽责地履行委托与监管职责会支付劳动成本价值 6 000 元，国有企业经理人因为上级的严格监管而难以采取机会主义行为，国有企业盈利 2 000 万元。在此种情况下，虽然国有企业的总收益有 2 000 万元，但其实质上与国有企业委托人的收益无关，该委托人的净收益只有 4 000 元（此处没有考虑因其监管得力对其未来升职的无形影响）。

情况 2：国有委托人其固定工资为 10 000 元，其偷懒怠于履行委托与监管职责会支付劳动成本价值 2 000 元，国有企业经理人因为上级的不严而容易采取机会主义行为，国有企业亏损 1 000 万元。在此种情况下，虽然国有企业的总收益为负，有了严重的亏损，但其同样和国有企业委托人的净收益无关，相该国企委托人的收益却因其怠职、偷懒所减少的支出，使得相对净收益增长到了 8 000 元（此处亦没有考虑因其监管不力对其未来升职的无形影响）。

虽然选择情况 1 会使国有企业的整体资产得到增值，同时国有企业委托人的固定收入亦没有减少，从而实现了帕累托最优，但是在国有企业的剩余索取权与该委托人无关的情况下，由于国有企业的效用与国有企业委托人个人的效用之间的不一致性，理性的国有企业委托人会选择情况 2，使得其个人收益与效用得到更大的满足，而不管国有企业的利益受损，这就是国有企业委托人所实施的机会主义行为。

还需要考虑的是，前例中由于国有企业的资产规模很大，在国有企业委托人先天性地存在前述监管动机不足，监管不力的情况下，国有企业的代理人还可能采取俘获国有企业的委托事务执行人，与其共谋损害国有企业利益的情形。

情况 3：在前例 2 情况下，国有企业经理人通过隐瞒、篡改信息等方式来实行机会主义行为，如在隐瞒或篡改经营中利润信息，虚构与扩大企业经营支出，以减少国有企业的利润上缴，或者通过与自己亲友成立的关联企业进行贱卖、贵买的关联交易转移和侵吞国有资产等方式至少可以获得国有企业资产总额 5%的机会主义收益（500 万元）。其通过贿赂国有企业委托事务执行人 100 万元的方式，可以俘获该国有企业委托事务执行人，与其达成共谋，使得其侵吞国有资产与国企利润的机会主义行为更不容易被发现。

此时，国有企业一方面亏损 1 000 万元，另一方面被国有企业经理人和国有企业委托事务执行人共谋侵吞国有资产 500 万元，使得国有企业剩余资产仅余 8 500 万元，损失惨重。但对于国有企业的经理人而言，其得到了除固定工资外，侵吞国有资产剩余所得的 400 万元，国有企业委托事务执行人得到了 1 万元固定工资以外的 100 万元，在个人效用与利益追求的诱惑下，国有企业的这一级委托代理中的两个当事人很容易达成共谋，串通损害国有企业利益。

为了解决这一问题，在我国当前的政治经济体制决定了，对国有企业委托事务的执行人个人不可能给予更多的国有企业剩余索取权的情况下，我们一方面可以通过提升该委托人的固定工资的方法，如规定国有企业委托事务执行人无渎职固定工资在原有基数上上调10倍，同时，借鉴香港公务员的廉洁退休金制度，存储同样，甚至更高倍数的廉政退休保障金到该公务人员的账号上，将来如果该人员能始终尽职地履行自身义务几十年，直到退休，就可以享受很大一笔丰厚的廉政退休金，反之则不仅该退休金全部取消充公，而且要严厉打击和严肃追究共谋、违法国企委托事务执行人的刑事责任，同时对其没收违法所得和个人家产，使其身陷囹圄的同时倾家荡产，就可以在经济上有力地阻止前列委托人机会主义行为的发生。

6.2.2 薪酬分配制度机制

激励与约束兼容是公司治理的最主要手段，也是预防企业委托代理过程中机会主义行为的最有力的方法。而无论是对于普通企业，还是国有企业而言，薪酬分配制度机制都会是预防和减少机会主义行为发生，实现公司治理的最为有力的手段。

对于企业经理人而言，其依据与企业财产所有者（委托人）所达成的委托契约在为委托人从事企业的经营管理工作时，其薪酬组成中一般包括固定薪酬和奖励薪酬两类。前者是指不论企业的经营状况如何，均应由委托人按时发放给企业经理人的，数额事先在协议中已经固定下来的报酬。而后者是指以企业经理人的努力程度与经营业绩为考核标准，根据企业的盈利状况按照委托契约约定的比例由委托人发放给企业经理人的奖励，即我们经常所说的"提成奖励"薪酬。两者共同构成了委托人对企业代理人（经理人）的激励与约束的基础。

我们在论述剩余索取权机制时，事实上是在假定没有固定薪酬的基础上，奖励薪酬应占据多少的剩余索取权分配的比例，才会降低甚至是避免代理人的从事机会主义行为之概率的问题，但是如果加上固定薪酬在内，前者的模型考虑就明显存在着不足和需要改进之处了。

首先，固定薪酬是具有经营管理企业特长（"企业家"才能）的经营者接受委托参与委托代理契约的基础,如果没有固定薪酬或固定薪酬的价格过低,甚至比不上该经营者从事一般工作的薪酬收入的话,该职业经理人就会宁可选择从事后者所列之工作,而不去接受企业财产所有者(投资人)的委托。这就是张维迎教授所说的企业治理中之"经营者的参与约束"[78]。但是,需要进一步深入考虑的是,只要投资者给予经理者的固定薪酬达到该经营者从事其他工作的一般工资薪金所得就可以了吗?众所周知,经营者作为企业经理人对企业进行经营管理工作时,需要面对纷繁复杂的市场变化与市场风险,其所支出的脑力与体力劳动远超过其从事一般事务性工作时的劳动力支付。所以如果这部分的额外支付不能够得到有效的投资人薪酬补偿,经营者仍然是不会选择接受投资人委托成为企业经理人的。也许有人会说,企业经理人除了固定薪酬之外还拥有企业的"收益提成"等奖励薪酬,只要其经营得好,其收入会远远大于其额外支出的劳动力。但是持有此种观点的人没有考虑到,无论企业盈利与否,经理人的前述特殊劳动力都已经支出了,而作为一般来说"风险厌恶"的企业经理人,必然会考虑到企业没有盈利,甚至亏损的状况下,经理人的付出得不到充分补偿的情形,进而导致作为"理性经济人"的经营者不接受投资人的委托,或者"采取其他投机取巧的方式"(如偷懒、怠职以降低个人劳动支出,扩大在职消费金额以提高隐性收入水平,隐瞒和侵吞企业盈利和资产)等机会主义方式实现"堤内损失堤外补",损害企业利益。故而,经营者作为企业经理人接受投资人委托的"参与约束"条件是其固定薪酬达到该经营者从事一般工作的薪酬与其从事经理人业务的特殊劳动力支出补偿额之和,否则极易诱发经理人的机会主义行为。

其次,作为国有企业的经理人,由于国有企业资产来源的特殊性,使得国有企业的委托人能够给予经理人的奖励薪酬比较有限,其力度往往要远小于普通民营企业投资人能够给予本企业经理人的奖励薪酬力度。加之本书前述提到的,国有企业设立之初是为了解决市场失灵的缺陷,产品具有一定的公共性;企业设立具有多目标任务,容易使得企业经营中的经理人精力分散等,导致国有企业的收益水平往往较低,就更加重了国有企业经理人按原本就不高的奖励薪酬比率,所能实际获得的"奖励薪酬"总额进一步降低。所以如果不能够增加国有企业经理人的固定薪酬数额和比率,就会使得国有企业经理人中真正有能力者或基于个人效用和成本收益的考量,或者选择退出国有企业,去民营企业担任经理人;或者选择前述的采取机会主义行为来提升自己的收益水平。前者会使得国有企业经理人在市场选择下,自动地"劣币驱逐良币",留下"水平有限、因循守旧"的庸才担任国有企业经理人的角色,进而导致国有企业盈利能力的进一步下降。而后者更是直接导致国有企业经理人机会主义行为横行,国有资产与利润流失,严重损害国有企业的利益。为了避免这两个恶果的发生,我们就有必要提高国有企业经理人的固定薪酬水平。

问题是,将国有企业经理人的固定机关薪酬提高到什么程度是为界限?即,能实现有效激励经理人留在国有企业任职,并且全力为国有企业委托人服务的程度。为了避免前述国有企业经理人任职出现"劣币驱逐良币"的不利后果,避免国有企业代理人从事机会主义行为,我们应至少达到使国有企业经理人的固定收入不低于其从事普通民营企业经理人工作的平均所得收入的程度,才能达到足以留住国有企业的优秀经理人的目的。虽然从表面上看,这种"做法"使得国有企业经理人变得"旱涝保收",使其较一般民营企业的经理人在竞争和薪酬获取上获得了"不公平"的优势,但换另外一个角度分析,国有企业资产来源于全民(国家),其代表的国家利益,同时国有企业往往规模巨大,一个称职的经理人能够为国有企业带来的经济利益,要远远高于我们向该经理人支付的多余报酬,即使这种制度资源的设置与配置的结果达不到帕累托最优,也至少实现了希克斯最优,即国家通过称职经理人对企业的经营管理工作所获取的总体收益,在支付了给该国有企业经理人多支付的报酬以后,仍使得国有企业的资产和利益效用得到了整体的大幅度增长。国家基于对国有资产保值、增值的需要,基于国家利益对于国有企业的特定代理人给予特殊优待,不仅在理论上是正当可行的，而且符合国际惯例。

最后，给国有企业经理人高额固定薪酬是否会容易导致国有企业经理人缺乏进取心和盈利动机，进而使得其更容易出现偷懒、守成等机会主义倾向的问题。我们在实行高固定薪酬激励制度的同时，还可以通过以下方式避免国有企业经理人发生前述的偷懒、守成等机会主义行为。其一，我们可以基于前述给予国有企业经理人高额固定薪酬制度的原理，调高其另一块薪酬（奖励薪酬的比率），使得代理人的效用与委托人（企业）的效用一致起来，以更好地激励国有企业经理人为了企业的利益从事工作，解决委托代理问题。其二，鉴于依据行为经济学原理可知，人们对于损失的敏感程度要远大于对于收益的敏感程度，所以单纯地依靠提高国有企业经理人的薪酬收益水平往往是不够的。因为受限于国有企业的资产来源性质与我国当前的政治、经济制度，委托人最终能够给予国有企业经理人的利益毕竟有限，特别是难以和代理人采取机会主义行为能从国有企业获取的非法收益额相比拟。所以我们还要采取较为充分的约束与惩罚机制。如本书前面探讨剩余索取权机制时所提到的一方面借鉴香港公务员的廉洁退休金制度，存储同样，甚至更高倍数的廉政退休保障金到该公务人员的账号上，将来如果该人员能始终尽职地履行自身义务几十年，直到退休，就可以享受很大一笔丰厚的廉政退休金，反之则不仅该退休金全部取消充公，还要严厉打击和严肃追究合谋、违法国有企业委托事务执行人的刑事责任，同时对其没收违法所得和个人家产，使其身陷囹圄并倾家荡产，使国有企业的经理人可以充分地感受到其不尽职、履责，从事各种机会主义行为可能遭受到的痛苦和损失，这样也就可以在经济上有力地阻止前列委托人机会主义行为的发生。

6.2.3 市场声誉（信誉）机制

前文曾经分析过，国有企业在委托代理经营中较普通企业产生更多的机会主义行为，一个很重要的原因就是国有企业与普通企业相比缺乏一个完全竞争的有效经理人市场,进而也就使得经理人的声誉机制难以发挥约束经理人行为的作用。

早在20世纪80年代初,西方经济学家法玛(Fama,1980)[50]和霍姆斯特龙(Homstrom,1982)[141]就在对公司治理问题进行研究中发现了,一方面如果经理人的薪酬是固定的,与企业收益率无关的话,经理人就容易产生"偷懒"等机会主义行为。但是另一方面,如果考虑到市场对经理人的经营及能力评价,考虑到经理人市场的存在与作用之时,经理人就可能放弃或减少其"偷懒"的"理性选择"倾向,而是选择尽量"努力工作",从而使得公司委托代理中的问题表现得并不十分严重。而在这一过程中起到约束经理人行为作用的就是经理人的"市场声誉(信誉)机制"。

依据委托代理理论,在企业的委托代理经理中,由于存在着代理人(企业经理人)较委托人(投资人)的信息不对称优势,使得委托人很难观测企业经理人的经营行为和努力程度,所以只好以企业的经营绩效作为判断企业经理人尽职与否的重要信息标准。而这种企业在经理人经营期间的绩效,也就会成为企业经理人的"经营业绩"成为其他投资人将来判断企业经理人经营能力与对企业忠诚尽职口碑等的重要参考信息,其直接影响未来其他投资人对该企业经理人的评价、聘请意愿以及薪酬给付程度的标准,而这些有关企业经理人的信息就是该企业经营人在经理人市场上的声誉与口碑,亦即是企业经理人的信誉。可以说,在经理人市场上拥有良好的信誉与声誉,是某个企业经理人未来获得者得长期的稳定优良收益(包含稳定的被聘任机会,优厚的薪酬协议,充分的委托人信任与剩余控制权掌控)的基础,而企业经理人为了这个长期收益,会自动地约束自身行为,即使在某企业担任经理人期间收益固定,不用承担企业经营亏损的风险,也不会随便采取"偷懒、怠职"等消极的机会主义行为,更不会随便采取"欺骗、误导、混淆、共谋"等积极的机会主义行为损害所受托经营的企业利益。因为依据前列"声誉机制"原理,一旦某经理人因为以往代理中的机会主义行为败坏了其在经理人市场中的声誉与信誉,未来将很难再找到愿意信任并聘任其的投资人，该经理人将会损失掉未来的工作机会和长远利益。这是一个"理性的经济人"所不会选择的。

在国有企业的经营管理中，由于前述的产权、组织原因，使得国有企业中存在着复杂的委托代理关系，表现在有权选择经理人的人并非是资产所有者，初始委托人——全民（国家），而是作为一级代理人（二级委托人）的国务院国有资产管理机构和二级代理人（三级委托人）的国有专业投资公司。而这些机构一方面没有剩余索取权，另一方面又都均具有一定的行政属性，特别是国有资产管理机构本身就是一个政府部门，这就使得他们在选择企业的经理人时并不是像普通民营企业那样优先从社会经理人市场上去择优选择，而往往是在经理人选择时考虑级别、关系等非市场性因素。之所以会这样，首先是因为这些委托机构没有剩余索取权，就意味着国有企业最终能否盈利与这些委托机构本身并无直接的利害关系，所以国有企业经理人经营能力的强弱并不是其选择国有企业经理人的唯一指标；其次，委托机构的行政属性，委托机构具体事务执行人的政府官员属性使得他们在选择国有企业经理人时，更像是选择自身的行政下属一样，其选择标准"更多的是基于个人关系和政治上的效忠，而不是企业家素质和业绩"[173]。所有的这一切，都使得这些委托机构不必到专门显示职业经理人能力信息的场所——经理人市场上去做出选择。而这种选择企业经理人方式又会使得国有企业的经理人员更多的将精力关注于上级委托人的个人关系的构建，而非是个人经营管理企业的声誉与信誉之上，从而使得前述普通企业中能够发挥抑制机会主义行为，减少委托代理问题发生的"市场声誉（信誉）机制"难以发挥效用。

要解决这一问题，除了尽力减少和改变国有企业经理人选任，是由具有政府性质的委托人决定这一不良惯例以外，还应积极引入国有企业经理人选任的第三方（如独立董事、企业合作商、律师事务所、会计师事务所等专业服务机构）参与评价，以社会企业平均利润率等客观性指标作为判断一个备选经理人是否具有相应能力、业绩与经历，具备相应声誉与信誉的标准。同时，作为政府还应在国有企业经理人的选任中扩大引入竞争机制，加快建立更为完善的国有企业经理人市场，以促使前述"市场声誉（信誉）机制"能在未来的国有企业经营管理中对机会主义行为的防治与治理中发挥应有的作用。

6.2.4 显性激励与隐性激励机制

要想治理国有企业委托代理经营中的机会主义问题，除了前述的剩余索取权机制、薪酬分配机制以及市场声誉（信誉）机制以外，还有其他一些显性与隐性的激励机制能够发挥作用。

显性激励是指由委托契约所明确约定的或者可以明显直接预见到的，当事人（特别是企业经理人）在一定时限内可获得的各种实质性补偿之总和。它包括由委托合约所规定的各种绩效补偿的货币收入（如工资、奖金等）和其他实物收入（如公务配车、办公条件等），还包括委托合约明确规定之外的但可预期的物质或精神方面的补偿（如荣誉的获得、职位的提升以及由此得到的物质补偿的增加等）。隐性激励，是指除了前述的各种公开的显性收入之外，采用非公开的隐蔽收入的方式进行激励的一种方式。如隐性的职务消费，各种非公开、临时性、随机性发放的且无既定标准的各种津、补贴，上级领导发放的特殊奖励红包等。

前面在探究剩余索取权机制、薪酬分配机制以及市场声誉（信誉）机制中提到的剩余索取权分配比例的提升，提升固定薪酬，以及建立高额的廉洁退休金等制度都属于当事人签约事前就可以明确的直接预见到的激励措施，属于显性激励。而国有企业经理人通过长期的忠诚、勤勉履行代理人职责，给自己在经理人市场树立起的声誉（信誉）等，虽然对其未来从事相关经理人职业带来的好处一时难以被具体量化测度，但是其仍可为当事人事先有所预见，故其整体仍然属于显性激励的范畴。但是为了使这种显性激励更为明确具体，以利于更好地激励当事人，我们可以通过建立国有企业经理人社会评价系统、优秀国有企业经理人与污点（不良）国有企业经理人数据库或档案的方式，进行隐性的正向激励与反向惩罚，从而尽力减少经理人、委托人在国有企业复杂委托代理中的机会主义行为，解决国有企业的相关治理问题。

6.3 本章小结

本章是国有企业复杂委托代理关系中的"机会主义"行为治理的宏观机制设计。为了解决国有企业复杂委托代理关系所带来的更为严重的机会主义行为问题，并做到预防机会主义行为出现的根本方法，是从宏观层面上建立相应的国有企业机会主义行为的治理体系，包括明确其必要性和可行性，确定相应的治理目标和治理原则，最后通过相应的具体制度与机制的设计，如降低委托人与代理人之间的信息不对称状态，使得代理人难以从事各种败德的机会主义行为；通过解决激励与约束兼容的问题，使代理人自己的利益与委托人的利益尽可能地一致起来，使得代理人能够主动地去抑制自身的机会主义行为倾向，并通过追求委托人（企业）的利益最大化过程来实现代理人自身的利益最大化等。在这一过程中，起最重要作用的是激励与约束机制，包括剩余索取权机制、薪酬分配机制、市场声誉（信誉）机制，以及其他显性或隐性激励机制等。

第七章

国有企业机会主义行为的治理对策与措施

7.1 国有企业机会主义行为的治理对策分析

前文分析国有企业机会主义治理目标之时已经分析过了，要解决前列国有企业复杂委托代理过程中所出现的各种机会主义行为问题，核心是要减轻或是消除国有企业内部委托代理中的"信息不对称"和"利益不对等"问题，同时通过激励机制诱导代理人的行为符合委托人的利益与预期，通过惩罚机制避免代理人为其个人私利从事损害委托人利益的机会主义行为。

7.1.1 缓解信息不对称，提高信息的透明度

委托代理中机会主义问题产生的核心原因是因为代理人享有对委托人的信息不对称优势，使得他能够有条件进行逆向选择或败德行为等损害委托人利益的行为，并且这些执行该机会主义行为的人，还能从其中获得大于诚信代理经营所获之收益，就更会从根源上鼓励这种机会主义行为的发生。

所以如果要想减少此类机会主义行为的发生，如果能够通过有效的方式去提高委托人对代理人在企业相关经营活动中了解相关信息的能力，比

如加强信息透明度等,就能够避免委托人被蒙蔽视听,见代理人的机会主义行为而不知,导致自身所代表之委托人利益受损情况的发生。其具体理论方法如下:

1. 明确职责,建立清单

由于国有企业资产来源的国有性,使得除了国有企业的初始委托人以外的各级委托人,因为缺乏最终的剩余索取权而导致监管积极性不足,责任心不强的问题。这就需要通过相关制度去明确国有企业各级委托人及代理人对国有企业的职责与义务,不仅要告诉委托人他有何种的职责义务,还要明确其对国有企业下级代理人相应的监管权力项目清单,而且对代理人明确规定其作为代理人的职责义务,明确其必须提供的对企业监管的信息义务清单,避免其主动或被动的疏漏,减损相应的信息向上提供,以维持甚至加大代理人针对委托人的信息不对称优势。

2. 完善法律,避免疏漏

为了避免由于法律制度的缺失或瑕疵导致代理人能够钻空子,趁机减少对委托人的重要信息提供或迟延这种相应信息提供的义务,造成或扩大代理人拥有的信息不对称优势。我们应该通过具有"普遍性"与"权威性"的立法,去将所有可能影响企业生产经营盈亏状况的事件、行为等相关信息以及资料、数据文件以法律的形式确定下来,并进一步规定这些信息的最后提供时限,以避免代理人为了规避法律主动缺失信息提供或提供迟到信息,以影响委托人及时监管决策的情况发生。因为正如"迟到的正义属于非正义"一样,"迟到的信息价值会严重减损",加剧委托代理问题的发生。

正如笔者之所以在本书前面对国有企业的机会主义行为进行积极实施与消极实施和合法实施的三维分类,就是为了在本处根据机会主义行为主体在实施时机会主义行为时的主观状态和主观恶性,在考察相关行为促成信息不对称的过程形式后,给予不同程度的惩罚。具体人们应依法遵循以下原则:对于客观原因所形成的信息不对称和机会主义行为我们在防治力度上与对行为人的惩罚力度上,应远小于主观原因所造成的同样机会主义;对于伪造信息的机会主义的惩处就应该严格重于未有捏造信息的机会主义行为。这样,就能强化法律对机会主义行为的引导、警示和阻吓作用。

3. 信息公示,多方监管

在我国国有企业复杂委托代理层级难以削减的情况下,为了使委托人更多地了解到代理人经营的信息,尽力减低其信息弱势。就要克服少数内部监管人视野有限,了解代理人活动与信息不足的情况。此时,有必要引入除委托人与代理人以外的第三人介入信息提供与监督过程,以最大限度地提高信息获取量。具体是指通过建立信息披露与公示制度,将代理人提供给委托人的信息公告给国有企业中的其他利益相关者。一方面有利于他们介入监管,另一方面他们亦可以随时将自己所掌握的未披露信息在经过一定的核实程序后,再补充上传到该信息平台中去,以弥补代理人向委托人提供信息的不足。

之所以要求有这种信息公示、多方监督的制度,是因为从原理上分析,虽然国有企业某层委托代理中的某个代理人基于自身利益可能会故意地疏漏、隐匿、甚至误导其向上级提供的信息,但是这些信息本身有可能为企业本级经营中的其他人,甚至其代理人所获得。这使得有时后者所掌握的信息甚至可能较该信息扭曲人还要充分,所谓"敌人的敌人是朋友",代理人不愿意提供给本级委托人的信息不意味着该代理人的下级代理人不愿意向更高一级的委托人(越级委托人)提供。因为这种信息地提供对其无直接损害,特别是这种提供还有可能得到越级委托人物质奖励的情况下,该代理人就更有提供委托人信息弥补的动机。这种信息公示,多方监管制度的实施将有利于大幅度的减少信息不对称状况。

7.1.2 强化激励制度,鼓励当事人的恪尽职守所得

利益不对等是国有企业委托代理经营中,机会主义行为问题发生的另一个核心原因。因为作为一个理性的经济人,代理人之所以会进行具有明

显投机性和损人利己性的机会主义行为,核心无非是因为利益。即其实行前述机会主义行为所获得的收益减去自身的成本之后,大于其恪尽职守、诚信守义(遵守法律与合同所规定的义务)地进行代理活动所能获得的收益,即所谓的"天下熙熙,皆为利来,天下攘攘,皆为利往"。所以建立合理有效的激励机制去扩大代理人的守义收益,尽量使代理人与委托人的收益更好地有机统一起来,是减少国有企业多重委托代理问题的重要方法之一。其具体包括:

1. 灵活代理人收益分配制度,扩大其诚信守义之奖励

扩大代理人守义(这里是指遵守法律规定的义务和合同约定的义务)行为的收益,就要改革以往对于国有企业领导人僵化的工资与奖励制度,授予国有企业各级代理人一定程度的国有企业投资的剩余索取权。如对国有企业终极代理人——企业经理人除了以往国有企业改革中已经实施的诸如对国有企业经理人实行年薪制,国有企业领导人持股奖励以外,还可以仿效香港廉政退休金制度的做法对于守义代理人任期届满时给予一笔额外的廉洁勤勉奖励金,以扩大对其的守义激励。应该针对国有企业的代理人进行声誉奖励,提职奖励等精神、政治补偿,以鼓励其将自己的利益与委托人的期望统一起来,诚实信用地进行代理行为,更好地为委托人的利益服务。

2. 减少代理人守义诚信经营时的成本支出

第一方面,委托人对于涉及国有企业的,可能影响盈亏收益的重大经营决策必须加强监管。第二方面,对于国有企业的具体日常事务性工作,则完全应授权由代理人自行完成,不要过多干预,不该管的不管,以减低代理人向委托人随时汇报与沟通所带来的交易成本支出。第三方面,委托人在有权监督管理的事项在管理中也应做到监管透明化、公正化、简便化,以减少国有企业代理人向其进行工作汇报与信息反馈之时的成本支出与时间损耗。特别是要避免由于委托人自身的管理不当或权力寻租等增大守义诚信代理人成本支出的情况发生,以免影响代理人收益的增加。

3. 完善国有企业多重委托人与代理人之间的利益连动与分享

在原有的经典委托代理中，委托人通过给予代理人固定薪酬以外的业绩收益按固定提成奖励的方法，虽然能够在一定程度上连接起委托人与代理人之间的利益，但是其对代理人的努力程度奖励还不够的。正是由于一成不变的固定提成比例不足以弥补代理人为委托人全心全意的代理付出，不足以比拟代理人进行投机行为和逆向选择的收益，才导致了委托代理中发生的一系列的机会主义问题。所以应当进一步建立起动态、灵活的委托人与代理人收益连动与分享机制，甚至可以考虑以契约的形式，对因为代理人的全身心投入所致的委托人的超额收益，给予代理人翻倍甚至更高比例的奖励。同时，针对国有企业各级委托人因为没有最终的剩余索取权导致积极性不高的问题，同时也为了进一步鼓励代理人守义经营，为委托人谋利，可以利用国有企业多重委托代理中不同层级委托人众多的特点，规定企业超额收益的不同委托人与代理人连动奖励，共同参与剩余索取权分配的制度，以最大限制地弥合与统一委托人与代理人之间的利益差距。

7.1.3 完善惩罚制度，提高当事人的违约成本

对于"经济人"而言，激励与惩罚从来都是紧密相连地一对影响因素。依据行为经济学的一般原理，行为人对损失的敏感度要大于收益的敏感度。所以仅有对于守义诚信代理人的激励制度还是不全面的，必须要有相应的反向惩罚机制，即对代理人的违法、违约的机会主义行为进行惩罚，才能阻止代理人机会主义行为的发生。

1. 建立经济利益惩罚机制

对于实施机会主义行为的代理人一经发现，除了可以对其进行年薪扣免，持股没收等经济惩罚制度以外，笔者建议还可以采取取消其任职届满时的守义奖励金。对于因为其机会主义行为造成国有企业重大损失的还可以依法追究其民事责任，要求其按一定比例赔偿损失。即通过这些惩罚性的制度规定，使当事人尽职勤勉，认真履行自身的法定与约定义务。

2. 社会声誉减损机制

对于实施机会主义行为的代理人还可以由委托人或其行政主管部门对其采取警告、记过、免职、辞退甚至开除公职等行政处罚。进而可以将这些行政处罚与不利评价向社会公布，影响该代理人作为国有企业经理人的个人社会声誉与评价，减损或影响这些违规实行机会主义行为者未来从事相同或近似职业的可能，即以其未来的职业收益减损作为吓阻其机会主义行为发生的办法之一。

3. 刑事责任追究机制

对于存在渎职、受贿等严重机会主义行为，触犯刑律，造成国有企业重大损失的代理人，单纯地依靠民法与行政法追究其责任力度已经不足或惩罚显著过轻了。为了避免不良的示范效应，可以依法追究其刑事责任，以令其丧失自由乃至生命的办法，来加大对国有企业代理人的相应违法、机会主义行为吓阻力度。

4. 建立有效的监督管理机制

正如法国伟大思想家孟德斯鸠的名言："一切有权力的人都容易滥用权力，这是一条万古不易的经验。"[181]没有充分有效地监管，权力就容易被滥用，这一原则同样适用在国有企业机会主义行为问题的治理解决之上。在国有企业规模巨大，内部关系复杂的前提下，在委托人和代理人最终利益取向不同的情况下，如果没有充分有效的监管机制，面对代理人所掌握的国有企业的巨额财产，"理性的经济人"必然会做出不利于委托人利益的种种机会主义、逆向选择与败德行为等机会主义行为。而只有加大有效的监管力度，一方面促使国有企业复杂委托代理关系中的信息不对称尽量减少与降低，另一方面加大代理人从事机会主义行为被发现的概率以及被发现后的惩罚力度，才有可能尽量减少国有企业委托代理问题的发生。为了实现监督管理机制的切实有效，不仅要从监管的主体上入手，扩大国有企业的内、外部监管权利人，更要从程度上保障有权监管者有充分的监管权力与实施时间和条件，从而能有效地实现监管。

7.2 治理国有企业机会主义行为的对策建议

要切实地提高国有企业对其委托代理经营中的机会主义行为进行治理的能力,光是依靠前面提到的缓和信息不对称,奖励守规活动,惩处违规活动这三项对策是不够的,而是应当从责任主体对国有企业委托代理经营中的机会主义行为进行事实责任承担,实施过程中的外部监管以及实施结束后的利益均沾的相关制度出发,给予综合地考虑。

7.2.1 事前立法警示,建立责任主体分担制度

1. 推行多委托人委托连带责任制

连带责任原本是一项公开的民事法律责任的承担制度,原是指根据法律规定或当事人有效约定,两个或两个以上的负有连带义务的人都对自身或其他连带人不履行义务承担全部责任。近年来"连带责任"开始被广泛地用于探讨解决那些具有网络特征的,类似于供应商集团与核心企业供应货物之间相互的监管责任问题,特别是供应商之间自我的平行监管问题。连带责任在经济学领域中最早应用是始于1983年孟加拉国格莱梅银行在进行小微贷款时,用于治理贷款人的逆向选择和败德问题[182],即当发生某种损害之时,如何通过供应商之间的横向自我监督,优先解决问题,共同承担责任的制度。这在某种程度上与法律上的"连带责任"是要求某一个团体中的所有成员对某个事件、事故或契约承担无差别的共同付款责任,而不再局限于要求某个团体中的一个人对全部企业债务承担责任的一种法律制度非常相似。

连带责任的核心是几个责任承担人处于同一个网络集团内部,共同对另一交易主体承担义务,承担连带责任中的任何一个人对外进行不法或不恰活动,都有可能导致其他连带责任人共同向权力人承担责任。这种制度有利于一个网络团体内的所有成员之间互相监督、帮助,共同完成好某一

项任务。但是不足之处是：经济概念中的连带责任是以供应商的相关网络集团内部之间达成默契，自愿遵守为前提的，连带责任人之间并无法律明示的强制性义务，所以一旦某一连带责任人不愿意承担自身的责任，违反网络供应商之间的默契，将很难对该违反者采取什么有力的执行和惩罚措施。故而有鉴于此，笔者认为经济学上的"连带责任制"还是应当借鉴法学上相关责任的强制性与无限责任性等特征和制度性规定。

在本书中，由于国有企业的多重委托代理中可能存在着，在代理人的串联或诱导情形下，国有企业的同一层级的多个委托人之间因为是集体决策不用负责任而不尽监管职责，随意同意或依附某个被俘获或被误导委托人的决策选择，附随做出不利于国有企业利益的决策的情形。要改变这种情况，就要从强化各委托人的错误决策的责任入手，让其感觉到不尽职责的随意附和其他委托人决策选择的行为，可能会给自己带来利益损失与不利后果。而要达到这种目的我们在民法上有一种最有利的责任可以实现该目标，如在普通合伙企业中，作为合伙人都基于连带责任有义务对于某个合伙人的不利行为导致的合伙企业损失在合伙企业的财产不足以抵偿时，承担无限度的连带赔偿责任。而这种制度一旦运用到国有企业的集体决策中去，就会使得各个委托人都要对所谓"集体决策"的错误后果承担无差别的全部赔偿或补偿责任，在这种强力的个人利益损失的威胁下，必将在事前即有力地威吓当事人（如国企不履行职责的委托人等），避免国有企业委托人"怠职"等机会主义的行为倾向，有力地避免委托人偷懒、搭公车、不尽监管职责，随意附和其他委托人（主要是领导）意志行为的发生。

2. 规定委托代理关系中的无过错责任

无过错责任也是民法中行为人被追责的一项重要责任制度。其特点是一旦判定发生了法律所规定的违约行为或客观损失，就要由负有责任义务的行为人来承担相应的违约金或损害赔偿责任，而并不需要考虑行为人在这个损失的过程中所起的实际作用或主观上是否有过错。在国有企业的经营管理活动中，由于机会主义行为所涉的复杂委托代理关系使得参与主体众多,责任义务关系复杂,再片面的要求只有证明行为人主观上存在过错(含故意或过失)的情况下,行为人才为国有企业的损失承担相应的委托人或代理人责任,明显过于宽松。这就使得行为人可以很容易地推卸自身责任,这明显不利于强化行为人的责任意识与保护国有企业的国有资产免于流失。

实行无过错责任虽然从表面上看起来,似乎对委托人和代理人在内的行为人有些过于严苛,但其有利于反向促使所有的国有企业行为人,都尽职尽责的履行自身义务,同时监督他人的不义、违法行为,最终有利于实现促进国有企业生产经营效益与国有资产保值、增值的目标。

3. 实行委托人、代理人双方终身责任制

由于国有企业的规模巨大,多重委托代理关系复杂,导致许多委托代理问题,特别是代理人与委托人串谋损害国有企业利益等事件,可能在相当长的一段时间内不被发现,甚至延迟到该当事人任期届满离职或退休一段时间以后才被发现。此时,若依我国传统的"人死账销""人退责无"的"仁恕之道"去放过、免予追究责任代理人或委托人的相关责任,不仅会造成当期国有资产与国有企业利益的损失,而且会造成潜在的暗示,诱导准备离职或退休的代理人或委托人从事相应的机会主义行为,进而造成国有企业利益与国有资产的未来损失风险。所以实行国有企业委托人或代理人企业治理期间自身行为的终身责任制,有警示、阻止相关当事人从事机会主义行为的作用。避免某些当事人恶意利用现行法律制度的规定逃避个人义务,损害其他主体的合法权益。

7.2.2 实施事中监督制度,防止机会主义行为发生

1. 建立委托代理中信息透明度保障制度

如前所述,为了应对国有企业多重委托代理中发生的更严重的信息不对称,避免代理人与委托人的逆向选择与败德行为等机会主义行为的发生,我们可以通过提高相关信息的透明度的方式来完成前列目标。具体包

括：建立各级委托人和代理人的职责义务清单与信息提供清单以避免代理人人为漏报与过滤，建立国有企业内外部信息公示平台，引入除委托人与代理人以外的第三人介入信息提供与监督过程，以防止代理人误导或伪造相关信息。建立信息补充与信息提供奖励机制来对相关第三人提供真实补充信息的行为进行成本补偿与物质奖励等手段来达到强化信息透明度，减少委托人信息弱势的作用。

2. 建立社会监事库，强化外部第三方监管

在信息不对称的前提下，国有企业的代理人因为有着与委托人不同的私利，而有可能进行机会主义行为。国有企业的次级以后的委托人由于本身亦是前一级委托代理中的代理人，并且其同样没有剩余索取权，导致其可能和本级代理人一样基于风险厌恶或责任规避的想法而与本级代理人很容易地相互达成共谋损害上级委托人或国有企业的利益的合议；国有企业的内部职工基于自身职位保留的需要和个人工资的私利需求，有可能和企业经理人串通以内部人利益侵占、损害国家利益。这些国有企业的内部利害关系人都有可能因为前述这样与那样的原因，而不尽对国有企业的监管职责，导致国有企业的委托代理问题发生。

但是，在国有企业的各种利害关系人中，唯独只有一个群体一般不会出现在和国有企业的代理人串谋与共谋之中，其也没有损害国有企业委托人和企业利益的动机，这个群体就是国有企业所提供产品或服务的消费对象——社会公众（消费者）。因为消费者是最有需求要国有企业提供价廉物美的公共产品与服务的人。其自身的利害关系导致需求与国有企业的初级委托人〔全民（国家）〕需求相同，且其无个人私利，其有最坚决的监管动机和监管主动性。但是，现实问题是当前法律制度与现实还对于选举某个消费者代表成为国有企业的外部治理监管参与者的障碍，其具体表现在：第一，现有法律制度并未明确授权消费者作为外部第三人，有对国有企业进行监管的权利。第二，消费者作为一个整体无法对国有企业进行监管，而只能选举或委托消费者中的特定人作为消费者的代表参与国有企

监管，而一旦从消费者整体中将某一个消费者选出将其特定化，就存在着这个被特定的消费者代表的个人利益与消费者整体利益之间的不一致，存在着该消费者代表被国有企业的经理人员俘获损害国有企业利益的可能。第三，单一的被选定消费者代表的国有企业监管能力有限，其对国有企业的监管既"势单力孤"，难以发挥作用，又会耗费该消费者的一定成本支出而难以得到充分补偿。这三者结合是我国当前消费者代表参与国有企业监管不力的难点所在。

为了解决前列难点，我们就需要创设一种制度，使得法律授权某个不特定的消费者代表有权参与国有企业的监管，其在被选择之前难以被企业经理人所预先获知和俘获，其在选出后也因为制度原因无法为企业经理人所串谋。在这里笔者认为，我们可以借鉴西方英美法系审判中的陪审员制度建立我国的国有企业社会消费者监督员遴选和使用制度，笔者在这里简称其为建立外部社会监事人库制度。

设置这样的社会监事库制度来执行国有企业的外部消费者监管，是由于国有企业外部消费者代表库人数的海量性，会使国有企业代理人事实上难以预先对消费者代表进行寻租与俘获，因为其成本过大而几乎不可能，而在选出具体监管代表后又由于监管代表的人数相对众多、封闭性研讨、一次性任职以及专业性辅助机构辅助等制度措施的保障下，使得企业经理人的事后信息不对称优势被降低，代理人进行机会主义行为事后俘获选出的消费者代表的成本巨大，且因为缺乏俘获的长效性而变得没有必要。这样，就能最终达到发挥消费者这一外部第三人对国有企业经营管理工作的监管职能（如图7-1）。作为该项制度的完善，可以通过制度规定保障被选出的消费者代表参与外部监管团有比较丰厚的工资以弥补其参与外部监管的时间精力成本支出。且对于不尽职的监管代表可以事后通过将其从外部消费者监管库中除名并向社会公示等方法加大其机会主义行为的成本支出与损失承受，以最大限度地避免其不尽职责，被国有企业的经理人员俘获等。

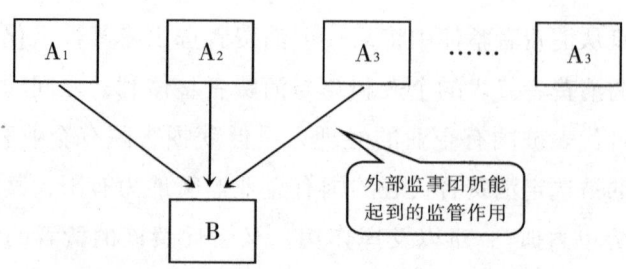

图 7-1 建立外部监事团制度去防止寻租、俘获

7.2.3 建立事后补救机制，减少持续性损失

1. 建立国有企业代理人超额业绩累进提成制度

针对传统委托代理中委托人通过给予代理人固定薪酬以外的业绩收益按固定提成奖励的方法过于单一僵化，不足以反映代理人的全部努力程度，且不足以调动代理人付出全部精力全心全意地为委托人谋利益。我们可以借鉴我国税法中的个人所得税的超额累进制度，将代理人超额业绩提成分成若干个等级，当因为代理人的全力付出为委托人谋利益，而最终使得企业委托人获得超过原先预期的利润之时，按照超额的比率的不同，参照代理人努力增加幅度给予原有业绩提成 2 倍、3 倍、甚至是 5 倍的提成奖励（最高增加到奖励后委托人的收益福利不会比原先降低），以最大限度地调动代理人为委托人谋利的积极性，弥补和统一代理人与委托人之间的利益差距。

2. 建立国有企业复杂委托人与代理利益连动与分享制度

针对国有企业的多重委托代理关系下的多委托人的特点，为了避免以往由于企业资产的国有性使得各委托人没有剩余索取权致使其缺乏监管主动性的情况，我们可以建立国有企业复杂委托人与代理人按照国有企业的经营效益，有权连动地共同参与按企业收益的一定比例分享国有企业剩余索取权的制度，以促使国有企业的多委托人为了自身的利益更好地参与国有企业的经营管理监督中去，同时减低委托代理问题的发生概率。

3. 完善国有企业监管的制度建设,实体保障与程序保障制度并行

要做到强化国有企业的监管机制,就不仅要从实体制度上强化国有企业内外部监管人的身份确证与权力认定,还应从程序上通过相关制度的设置减少国有企业代理人的隐藏、欺诈可能,加大其掩盖自身机会主义行为时需支付的成本,提高其机会主义行为的被发现概率着眼。具体我们可以从以下方面入手:建立外部监督人对国有企业抽查与定期检查相结合的制度,尤其是对抽查突然性、有效性进行保障;建立联合检查与单独检查相结合的制度,避免部分外部监督人的专业知识缺陷与眼界缺陷等信息劣势的发生;建立内部检查与外部检查相结合的制度,建立相应的检查信息交流平台,发挥各自的信息优势与检查优势等。

7.3 本章小结

本章基于前文对国有企业机会主义行为的研究,秉持中观和微观的视角,围绕利益不对等和信息不对称,这两个导致国有企业复杂委托代理下机会主义行为问题产生的最核心原因,从理论方法和制度对策的角度提出了相关的解决问题的方法对策。针对机会主义行为问题本章提出了相应的理论解决方案是:第一,强调通过强化信息透明度,减少委托人与代理人之间的信息不对称。第二,一方面建立有效的激励机制扩大守义代理人的守义所得,具体是建立健全事中与事后的制度措施,如建立委托人与代理人利益连动机制来鼓励当事人依照法律与合同的约定义务尽职为委托人谋取利益;另一方面是建立加大对违义当事人的惩罚机制,规定委托人与代理人之间的连带责任,无过错责任分担等来阻止行为人从事机会主义行为,以期最终能解决或者至少是缓解国有企业的委托代理人的机会主义行为频发的问题。

第八章

总结与展望

8.1 总结

本书以国有企业现存的机会主义问题为出发点,以复杂委托代理关系为背景,重点研究了国有企业的机会主义表现、成因与治理的问题。得出了以下结论:

结论1:借鉴以往西方文献中对机会主义行为形式二分、三分、四分的办法将机会主义行为进行了两种三分,即直接损害相对人利益、直接损害信息不对称以及两者损害都可以发生的机会主义行为三种;以消极不作为等方式实施的、以积极作为方式实施的和合法的机会主义行为。前者为后序研究对机会主义行为治理途径,核心是信息不对称,后者为研究对机会主义行为的不同处置提供了法律依据。

结论2:以国有企业在产权、组织(委托代理)、多任务、规模和行业、产业选择等多方面的特殊性为背景;在分析了国有企业各种常见和原因的基础上总结出了我国国有企业特殊的包含委托人怠职、官僚主义,攫取制度扭曲红利,公开获取信息租等三种最为特殊的机会主义表现形式。

结论3:总结了引起委托代理条件下机会主义行为发生的六大原因,深入分析机会主义各诱因之间的相互关系及所起逻辑作用。得出了国有企业委托代理条件下的机会主义行为以利益（效用）和偏好的不一致为前提，以合同的完全性、有限理性和行为不确定性为可行条件，以信息的不确定性和利益的可得性为充分条件，以行为事后不会被发现或发现后被追责责任小为必要条件的机会主义行为产生的逻辑体系。

结论4：国有企业复杂委托下的机会主义行为产生原因在整体上是受限于发生概率和信息不对称的形成过程的，而信息不对称的形成包括主观原因和客观原因，主观原因导致的信息不对称又可以分为捏造信息的和未伪造信息的信息不对称两种，其各自的主观恶性不同，未来法律防治与惩罚的力度也应不一样。国有企业复杂委托下的机会主义行为多重委托决定于层级，多头决定于博弈与风险承担的主观偏好，集体委托取决于参加人状态，多任务委托容易受到代理人行为的影响。委托代理关系下国有企业的机会主义行为损害企业绩效，扩大破坏自然环境，影响社会风气。建立国有企业应当建立以政府法律支持，企业内部机制防治，企业外部辅助配合的国有企业机会主义行为治理体系。应当以经济合理、预防为主、防治结合、全纳多元、依法治理、注重时效等法律体系构建与治理原则；具体制度与机制的设计，应本着降低信息不对称和建立更好地利益与约束相容机制去解决国有企业的机会主义问题。

8.2 展望

本书对国有企业委托代理经营中的机会主义行为问题进行了较为深入的研究，首次对国内多重委托、多头委托、集体委托与多任务委托下国有企业的机会主义行为表现与形成原因进行了比较系统的对比分析。但是受限于时间、精力，特别是受限于机会主义行为本身的隐蔽性、行为的难以测度性，本书的研究还有以下一些值得在未来改进和发展之处。

①伴随着市场运行的不确定性和复杂性，国有企业经营管理过程也变得极为复杂多变，这就导致了对于机会主义行为的列举很难穷尽，面对时代

的不断发展，新的国有企业机会主义行为的表现随时都可能会出现，对国有企业的机会以后新出现的机会主义行为应当如何更好地及时总结、归纳其特质，使其特征具有向后的兼容性和长期适应性，需要我们今后认真分析总结，这样才能使本研究更有生命力和持久力。

②由于国有企业在我国所涉及的行业、产业极为庞大和复杂，使得本书著者在研究国有企业委托代理中的机会主义问题时，仅从一般意义上的国有企业入手，暂时没有精力去细分行业、产业，因而暂时难以精准应用。

③本研究所涉及机会主义行为数据的可得性困难，最高人民法院的权威案件数据不公布，民间的数据因为机会主义行为本身的私密性而缺乏可信度，即使文中用百度搜索引擎的方法找到的替代数据也因为搜索引擎功能有限，无法进行深入的参数设定，进而无法得到大量的有用数据，因而也就使相应的统计分析不是很充分，这要求笔者今后要持续努力搜集相关数据，最好形成时间序列，这样研究才能更有意义和价值。

参考文献

[1] 潘岳.国有资产流失严重,国家将严查其人其事[J].广东审计,1995.

[2] COASE R H. The nature of the firm, economic[J]. New series, 1937(16): 386-405.

[3] WILLIAMSON O E. Markets and hierarchies: analysis and antitrust implications[M].New York: The free press, 1975: 9.

[4] 伯利, 米恩斯.现代公司与私有财产[M].甘华铭, 罗锐韧, 蔡如海, 译.北京: 商务印书馆, 2005: 130-135.

[5] WILLIAMSON O E. The economic institutions of capitalism[M].New York: The free press, 1985: 47.

[6] ANDERSON E. Transaction costs as determinants of opportunism in integrated and independent sales forces[J]. Journal of economic behavior & organization, 1988, 3(9): 247-259.

[7] DAS T K, RAHMAN N.Determinants of partner opportunism in strategic alliances: a conceptual framework[J]. Journal of business psychology, 2010, 25(1): 55-74.

[8] JOHN G. An empirical investigation of some antecedent of opportunism in a marketing channel[J].Marketing research, 1984(8): 278-289.

[9] LUO Y.Opportunism in interfirm exchanges in emerging markets[J]. Management and organization review, 2006(1): 121-147.

[10] HAWKINS T, KNIPPER, STRUTTON. Opportunism in buyer supplier

relations: new insights from quantitative synthesis[J]. Journal of marketing channels, 2009, 16(1): 43-75.

[11] WATHE K H, HEIDE J B. Opportunism in interfirm relationships: forms, outcomes and solutions[J]. Marketing, 2000, 64(4):36-51.

[12] 亚当·斯密.国富论[M].陕西:陕西人民出版社,2001.

[13] PHILLIPS, LYNN W. Explaining control losses in corporate marketing channels: an organizational analysiss[J]. Journal of marketing research, 1982, 19(4).

[14] DUTTA S, BERGEN M, JOHN G, et al. The governance of exclusive territories when dealers can bootleg[J]. Marketing science, 1994, 13(1):83-89.

[15] WALTON, MARY. When your partner fails you[J]. Fortune, 1997, 135(10):87-89.

[16] WILKIE, WILLIAM. Does "bait and switch" really benefit consumers? [J]. Marketing science, 1998, 17(3):273-282.

[17] JESON M. Agency cost of free-cash-flow, corporation finance, and takeover[J]. American economic review, 1986, 76(2):323-329.

[18] SHLEIFER A, VISHNY R. Management entrenchment:the case of manager-specific investment[J]. Journal of financial economics, 1989, 25(1):123-139.

[19] JAP S D, ANDERSON. Safeguarding interorganizational performance and continuity under expost opportunism[J]. Management science, 2003, 49(12):1684-1701.

[20] 陈郁.企业制度与市场组织:交易费用经济学文选[M].上海:上海人民出版社,2006.

[21] HAWKINS T G. Antecedents and consequences of opportunism in buyer supplier relations: research synthesis and new frontiers[J]. Industrial marketing management, 2008, 37(8):895-909.

[22] HILL C W L.Cooperation, opportunism, and invisible hand implication for transaction cost theory[J]. Academy of management review, 1990:500-513.

[23] TRIPSAS M,SCHRADER S, SOBRERO M.Discouraging opportunistic behavior in collaborative research-and-development a new role for government[J]. Research policy, 1995, 24(3):367-389.

[24] STUMP R L, HEIDE J B. Controlling supplier opportunism in industrial relationships[J].Journal of marketing research, 1996, 33(4):431-441.

[25] DEEDS D L, HILL C W L. An examination of opportunistic action within research alliances:evidence from the biotechnology industry[J].Journal of business venturing, 1999, 14(2):141-163.

[26] JAMES R B. Managing market channel opportunism: the efficacy of alternative of governance mechanism[J]. Journal of marketing, 2000, 64(2):51-65.

[27] NUNLEE M P. The control of infra-channel opportunism through the use of inter-channel communication[J]. Industrial marketing management, 2005(35):515-525.

[28] VAZQUEZ R, IGLESIAS V, RODRIGUEZ-DEL-BOSQUE I.The efficacy of alternative mechanism in safeguarding specific investment from opportunism[J].Journal of business & industrial marketing, 2007,22(7): 498-507.

[29] 陈冬,唐建新.高管薪酬、避税寻租与会计信息披露[J].经济管理, 2012(5):125-133.

[30] 王进.地方政府规制中的届际机会主义行为及其治理[J].东岳论文,2013(3):123-127.

[31] 王静,赫东杨,张天西,等.税收规避,公司治理与管理者机会主义行为[J].山西财经大学学报,2014(3):77-89.

[32] 刘燕.机会主义行为内容与表现形式的理论解析[J].经济问题探

索,2006(5):122-125.

[33] 刘群慧,李丽.关系嵌入性、机会主义行为与合作创新意愿:对广东中小企业样本的实证研究[J].科学学与科学技术管理,2013(7):83-94.

[34] 杨瑞龙.论所有权与控制权分离下的委托代理关系[J].经济研究,1995(2):7-12.

[35] 王国顺,周勇,汤捷.交易、治理与经济效率:O.E.威廉姆森交易成本经济学[M].北京:中国经济出版社,2005:27.

[36] 李厚廷.机会主义制度的诠释[J].社会科学研究,2004(1):24-28.

[37] 陆奇岸.战略联盟中的机会主义行为成因及治理对策[J].现代管理科学,2005(3):33-35.

[38] 杨得前,严广乐,李红,等.产学研合作中的机会主义及其治理[J].科学技术管理,2006(9):38-41.

[39] 徐辉,李健.金融监管制度与机会主义行为机理研究[J].当代经济科学,2012(3):81-90.

[40] 杨小凯.发展经济学:超边际与边际分析[M].北京:中国社会科学出版社,2003:192.

[41] 符加林.声誉效应、联盟关系与机会主义行为治理[M].北京:经济科学出版社,2014:52.

[42] 陈旭东,胡萍.创新基金中存在机会主义行为的原因及影响[J].科学学与科学技术管理,2005(6):99-101.

[43] 张海星.财政机会主义与政府或有债务的预算管理[J].财政研究,2007(11):20-22.

[44] 高嵩.非对称联盟网络中的机会主义研究[D].北京:北京邮电大学,2009.

[45] 代彬.高管控制权与自利行为研究——来自国有上市公司的经验数据[D].重庆:重庆大学,2011.

[46] 叶飞,张洁,李辉.供应商机会主义行为对信息共享与运营绩效的影响[J].管理科学,2012(2):51-60.

[47] 马力.公司伦理的治理效用探析[J].当代经济科学,2010(3):100-106.

[48] JESON M C, MECKLING W H. Theory of the firm: managerial behavior, agency costs and ownership structure[J]. Journal of financial economics, 1976, 3(4):303-360.

[49] WILLIAMSON O E. Transaction-cost economics: the governance of contractual relations[J]. Journal of law and economics, 1979, 22(2):233-261.

[50] FAMA E, JESON M. Separation of ownership and control[J]. Journal of law and economics, 1983(26):301-325.

[51] SHIEIFER, VISHY. A survey of corporate governance[J]. The journal of finance, 1976, 6(2).

[52] 马克·J·洛.强管理者,弱所有者:美国公司财务的政治根源[M].郑文通,邱东辉,王雪佳,译.上海:上海远东出版社,1999:318.

[53] COCHRAN P P, STEVEN L W. Corporate governance: a literature review[M]. Financial executives research foundation, 1988.

[54] VANEK J. The general theory of labor-managed market economies[M]. Ithaca: Cornell University Press, 1970.

[55] 奥利弗·哈特.公司治理:理论与启示[J].经济学动态,1996(6):60-63.

[56] MARGARET, BLIAR. Ownership and control: rethinking corporate governance for the twenty century[M]. Washington DC: The bookings institution, 1995.

[57] COASE R H. The problem of social costs[J]. Journal of law and economics, 1960(10):1-44.

[58] VICKER J. Concept on competition[N]. Oxford economic paper.

[59] Martin Stepher, David Parker. The impact of privatelization-ownership and corporate in the UK[M]. London; New York: Routledge Press, 1997.

[60] JACK. Private versus public enterprises[M]. London: Janus publishing

company,1996.

[61] 陈郁.所有权、控制权与激励:代理经济学文选[M].上海:上海人民出版社,2006.

[62] 王光俊.母公司对子公司风险管理研究:基于母公司监督评价的视角[D].南昌:江西财经大学,2011.

[63] FREEMAN R E.Strategic management:a stakeholder approach[M]. Boston:Cambridge University Press,1984.

[64] 柯林·梅耶.市场经济和过渡经济的企业治理机制[M].上海:生活·读书·新知三联书店,1996:156-185.

[65] 杜育华.浅析公司治理与内部控制的关系[N].企业导报,2013-10-15.

[66] 王海清.公司治理内涵探析[J].商业经济,2012(9).

[67] ZINGLAES, LUIGI.Research of new foundation[J].Journal of fiance, 2000(55):1623-1653.

[68] TIROLE, JEAN. Corporation governance [J]. Economic, 2001 (1): 1-35.

[69] 吴敬琏.现代公司与企业改革[M].天津人民出版社,1994:185-196.

[70] 张维迎.所有制、治理结构及委托—代理关系:兼评崔之元和周其仁的一些观点[J].经济研究,1996(9):4-15.

[71] 荣兆梓.关于现代企业制度的基本特征[J].经济体制改革,1995(1):66-73.

[72] 何玉长.经理人之法人代理权[J].中国工业经济,1997(3):17-20.

[73] 刘芍佳,孙霈,刘乃全.终级产权论,股权结构和公司绩效[J].经济研究,2003(4):51-62.

[74] 胡一凡,宋敏,张俊喜.竞争、产权、公司治理三大理论的相对重要性与交互关系[J].经济研究,2005(9):44-57.

[75] 严武,许荣,史清华,汪永祥.产权保护和市场信息不对称:来自中

国 A-B 股的证据[J].经济研究,2012(11):128-141.

[76]杨瑞龙,周业安.论利益相关者合作逻辑下的企业共同治理机制[J].中国工业经济,1998(1):38-45.

[77]杨瑞龙.怎样提高国有企业的治理效率[J].前线,1999(1):16-19.

[78]周鹏,张宏志.利益相关者之间的谈判与企业治理结构[J].经济研究,2002(6):55-62.

[79]李传军.利益相关者共同治理的基础理论与实践[J].管理科学,2003(4):84-87.

[80]唐跃军,李维安.公司和谐、利益相关者治理与公司业绩[J].中国工业经济,2008(6):86-98.

[81]黄速建,余菁.企业员工持股的制度性质及中国实践[J].经济管理,2015(4):1-11.

[82]赵晶,王明.利益相关者,非正式参与和公司治理[J].管理世界,2016(4)138-149.

[83]林毅夫,蔡昉,李周.现代企业制度的内涵与国有企业的改革方向[M].经济研究,1997(3):4-10.

[84]钱颖一.企业的治理结构改革和融资结构改革[J].经济研究,1995(1):20-29.

[85]卢昌崇.公司治理机构与新、老三会关系论[J].经济研究,1994(1):10-17.

[86]王红领.委托人"政府化"与"非政府化"对企业治理结构的影响:关于中国乡镇企业转制的实证研究[J].经济研究,2000(7):56-62.

[87]韦波.集体企业治理结构改革困境与治理思路[J].经济问题探索,2004(8):123-125.

[88]李新春.经理人市场失灵与家族企业治理[J].管理世界,2003(4):87-95.

[89]于立,马丽波,孙亚锋,等.家族企业治理结构的三环模式[J].经济管理,2003(1):4-11.

[90] 吕达成.中小企业治理结构变迁及发展[J].理论导刊,2003(12):12-13.

[91] 李月娥,李宾.我国中小企业治理状况实证分析[J].统计与决策,2005(7):55-56.

[92] 李汉军,张俊喜.上市企业治理与绩效间的内生性程度[J].管理世界,2006(5):121-127.

[93] 李维安,邱艾超.民营企业治理转型、政治联系与公司业绩[J].管理科学,2010(4):2-14.

[94] 费方域.什么是公司治理[J].上海经济研究,1996(5):36-39.

[95] DEMSETZ H. Toward a theory of property rights [J]. American economic review, 1967(5).

[96] GORDON H S.The economic theory of a common property resource: the fishery[J].Journal of political economy, 1954, 62(4):124-142.

[97] CHEUNG S N S.The structure of a contract and the theory of a non-exclusive resource[J]. Journal of law and economics, 1970, 13(4):49-70.

[98] 埃格特森.新制度经济学[M].吴经邦,等译.北京:商务印书馆,1996:81-109.

[99] BROMLEY D W, CERNEA M Ml. The management of common property natural resources: some conceptual and operational fallacies[J].Word bank discussion paper, 1989:1-84.

[100] BALAND J M, PLATTEAU J P.Halting degradation of natural resources:is there a role for rural communities? [J]. Oup catalogue, 1996, 11(3): 251-258.

[101] HAYEK F A.The use of knowledge in society[J].American economic review, 1945, 35(4):519-530.

[102] 哈罗德·德姆塞茨.产权理论:私人所有权与集体所有权之争[J].经济社会体制比较,2005(5):79-90.

[103] 王晓义.国有企业治理创新的难点及对策分析[J].西北师大学报

（社会科学版），2000，37（3）：67-70.

[104]刘磊,刘益,黄燕.国有股比例、经营者选择及冗员间关系的经验证据与国有企业的治理失效[J].管理世界,2004(6):97-112.

[105]张明.非营利组织的治理机制研究[D].广州:暨南大学,2008.

[106]何炼成,赵增耀.资本市场规制与公司治理模式的形成:以日、美、德为例[J].经济学家,2000(1):81-86.

[107]张立君.国有企业利益相关者的共同治理[J].财经科学,2002(3):55-58.

[108]方竹兰.论用人力资本所有者产权主导中国国有企业改革[J].经济理论与经济管理,2008(8):5-11.

[109]湛泳,陈立荣.劳动产权和国有企业改革[J].生产力研究,2006(11):190-191.

[110]曾爱军.企业多元利益主体共同治理机制研究[J].财经理论与实践,2009(5):62-65.

[111]何勇斌,秦立春.利益相关者视角下的大学治理的创新[J].江西社会科学,2016:245-249.

[112]阳东辉.公企业法基础理论探讨[J].政法论坛,2004(5):29-39.

[113]黄速建,余菁.中国国有企业治理转型[J].经济管理,2008(19-20):16-21.

[114]魏纪泳,汤书昆,汪军.国有企业非资源配置低效率的人力资本产权因素分析[J].运筹与管理,2005(5):122-125.

[115]曹正汉,罗必良.市场竞争、政府对所有权的有限行为能力与国有企业职位产权制度的形成[J].经济科学,2000(3):23-30.

[116]苏艳芳,李红宇.国企改革路径缺陷分析与治理权力配置[J].企业经济,2009(1):30-33.

[117]谢庆奎,钱元强.论国有企业的双层治理[J].吉首大学学报(社会科学版),2009(2):88-92.

[118]齐星.国有企业治理失效的对策探析[J].商场现代化,2007(1):

151-152.

[119]奚玉琴,戴昌俊.国有企业核心人才股权激励问题探讨[J].科技管理研究,2009(12):387-392.

[120]沈志渔,刘兴国,周小虎.基于社会责任的国有企业改革研究[J].中国工业经济,2008(9):141-149.

[121]杨宝良.国有企业社会责任问题探讨[J].中国城市经济,2009(12):46-48.

[122]苏蕊芯,仲伟周.基于企业性质的社会责任履责动机差异及政策含义[J].财经理论与实践,2011(1):83-86.

[123]李向荣.制度环境约束下的国有企业及其治理模式选择[J].商业经济与管理,2008(3):26-30.

[124]张红凤,周燕冬.基于国际经验的公用事业治理模式探析[J].理论学刊,2009(5):76-82.

[125]孙自愿,胡中原,王诗月.政府规制、内部人控制与煤炭资源整合产权配置契约[J].经济评论,2013(2):14-18.

[126]卫祥云.自然垄断性国有企业的规制研究[J].中国市场,2015(5):16-19.

[127]ROSS S.The economic theory of agency:the principal's problem[J].American economic review,1973(63):134-139

[128]Arrow Kenneth.The Economics of Agency[M].Cambridge,MA:Harvard Business School Press,1985.

[129]王艳平.会计舞弊的经济理论分析[J].财会通讯,2011(6):9-11

[130]EUGENE F,FAMA.Agency problems and the theory of firm[J].Journal of political economy,1980,88(2):288-307.

[131]平狄克,鲁宾费尔德.微观经济学:第7版[M].高远,等译.北京:中国人民大学出版社,2009.

[132]CHUNG R,LEE W J,SOHN B C,et al.Labor unions and investment efficiency[J].SSRN electronic journal,2013.

[133] BERNHEIM D, WHISNTON. Common marketing agency as a device for facilitating collusion[J]. The rand journal of economics, 1985, 16(2): 269-281.

[134] BERNHEIM D, WHISNTON. Common agency[J]. Econometric, 1985(4): 923-942.

[135] DIXIT A, GROSSMAN G, HELPMAN E. Common agency and coordination: general theory and application to the government policy making[J]. Journal of political economic, 1997, 105(4): 752-769.

[136] HOLMSTORM, BENGT, PAUL M. Multi-task principal-agent analyses: linear contracts, asset ownership and job design[J]. Journal of law economics and organization, 1982(7): 24-52.

[137] HOLMSTORM, BENGT, PAUL M. The firm as an incentive system[J]. American economic review, 1982, 84(4): 972-991.

[138] LAUSSEL D, BRETON M L. Conflict and cooperation: the structure of equilibrium payoffs in common agency[J]. Journal of economic theory, 2001, 100(1): 93-128.

[139] MARTIMORT D, STOLE L. Market participation in delegated and intrinsic common agency games[J]. Rand journal of economics, 2009, 40(1): 78-102.

[140] MYERSON R B. Optimal auction design[J]. Discussion papers, 1981, 6(1): 58-73.

[141] BELL J E. Moral hazard in teams[J]. The bell journal of economics, 1998, 13(2): 324-340.

[142] MACHO-STADLER I, PÉREZ-CASTRILLO D J. Centralized and decentralized contracts in a moral hazard environment[J]. Journal of industrial economics, 1998, 46(4): 489-510.

[143] 王小芳, 管锡展. 多委托人代理关系: 共同代理理论研究及最新进展[J]. 外国经济管理, 2004(10): 10-14.

[144] 张维迎,吴有昌,马捷,等.公有制经济中的委托人:代理人关系理论分析和政策含义[J].经济研究,1995(4):10-20.

[145] 杨瑞龙.论国有经济中的多级委托代理关系[J].管理世界,1997(1):106-114.

[146] 冯根福.双重委托代理理论:上市公司治理的另一种分析框架:兼论进一步完善中国上市公司治理的新思路[J].经济研究,2004(12):12-25.

[147] 魏斌,汪应洛.基于委托-代理模型的外部兼职问题研究[J].管理工程学报,2001(4):13-15.

[148] 范鹏飞,邓守赤.多项任务委托代理模型在人才应用中的研究[J].重庆邮电学院学报(社会科学版),2001(4):26-28.

[149] 张维迎.从现代企业理论看中国国有企业改革[J].企业与战略,1994(6):18-21.

[150] 刘世锦.中国国有企业的性质与改革逻辑[J].经济研究,1995(4):29-36.

[151] 孙长坪.论国有企业的企业法主体概念之选择[J].社会科学.2008(1):93-103.

[152] 安蓉泉.西方国家国有企业管理机制分析[J].中国特色社会主义研究,2000(4):49-52.

[153] 张正军.国有企业权利扩张中持续亏损的机会主义原因[J].社会科学战线,1997(6):34-42.

[154] 村人.锐利的武器:介绍马克思、恩格斯"反对机会主义"[J].理论与实践,1958(8):26-28.

[155] 列宁.事后聪明的俄罗斯激进派[J].生活通报,1906(12).

[156] AKERLOF G.The market for "lemons": quality uncertainty and the market mechanism[J].Quarterly journal of economics,1970(9):488-500.

[157] MICHAEL S.Job market signaling[J].Quarterly journal of economics,1970(87):355-374.

[158] GROSSMAN S J, HART O D.An analysis of the principal-agent

problem[J].Economic,1983(51):7-45.

[159]肖梦.寻找对企业的外部监控机制:《转轨经济中的公司治理结构:内部人控制和银行的作用》一书简介[J].改革,1995(3):47-51.

[160]让-雅克·拉丰,大卫·马赫蒂摩.激励理论:委托—代理模型[M].北京:中国人民大学出版社,2001.

[161] ALCHIAN, DEMSETZ. Production, information costs, and the economic organization[J].American economic review,1972,62(5):777-795.

[162]GROSSMAN S J, HART O D.An analysis principle-agency problem[J].Econometric,1983,51(1):7-45.

[163]奥利弗·哈特.公司治理:理论与启示[J].经济学动态,1996(6):60-63.

[164]斯蒂芬·P·罗宾斯,玛丽·库尔特.管理学[M].李原,孙建敏,黄小勇,译.北京:中国人民大学出版社,2012.

[165]张正军.理性不经济行为研究:一个分析框架[M].西安:陕西科学技术出版社,1998:93.

[166]DARBY M R, KARNI E.Free competition and the optimal amount of fraud[J].Journal of law and economics,1973,16(1):67-88.

[167]BURROUGH B, HELYAR J. The Jeremiah of junk bounds[J].New York time,1990(4):2-5.

[168] OLSON, M. The logic of collective action: public goods and the theory of groups[M].Mass:Harvard University Press,1971.

[169]KLEIN B, CRAWFORD R G, ALCHIAN A A.Vertical integration, appropriable rents and the competitive contracting process[J].Journal of law and economics,1978,21(1):297-326.

[170]聂辉华,李金波.资产专用性、敲竹杠和纵向一体化:对费雪—通用汽车案例的全面考察[J].经济学家,2008(4):44-49.

[171]JEAN T.Hierarchies and bureaucracies:on the role of collusion in organizations[J]. Journal of law, economics and organizations, 1986, 2(2):

181-214.

[172] BENTA V.Communication and delegation in collusive agencies[J]. Journal of accounting and economics, 1995, 19(3):315-344.

[173] 张维迎.理解公司:产权、激励与治理[M].上海:上海人民出版社,2014:10.

[174] 陈玉和,白俊红,尚芳,等.技术创新风险分析的三维模型[J].中国软科学,2007(5):130-132.

[175] 肖红军,张俊生,李伟阳.企业伪社会责任行为研究[J].中国工业经济,2013(6):109-121.

[176] AWAD G A.Origins of terrorism:psychologies, ideologies, states of mind[C]. New York:Cambridge University Press, 1990.

[177] 钟庭军.论政府决策的效率机制构建[J].哈尔滨商业大学学报(社会科学版),2002(3):77-79.

[178] 马海龙.区域治理体系构建研究[J].北方观察,2009(6):36-38.

[179] 傅绍文,邓秋云.剩余控制权理论综述[J].经济学动态,2004(11):91-96.

[180] MILIGROM P J, ROBERTS.Economics, organization, and management[M].NJ:Prentice Hall, 1992l.

[181] 孟德斯鸠. 论法的精神[M].彭盛,译.北京:当代世界出版社,2008:64-65.

[182] 胡琴芳,张广玲.江诗松.等.基于连带责任的供应商集群内机会主义行为的治理研究:一种网络治理模式[J].南开管理评论,2016(1):97-107.

[183] 高莉莉.我国国有企业委托代理关系研究[D].武汉:华中师范大学,2007.

[184] 刘丽颖.中国上市公司高管声誉机制研究[D].天津:南开大学,2013.

[185] 周晓军.贵阳市国有企业领导班子及成员绩效考核评价指标体系研究[D].贵阳:贵州大学,2007.